北京工商大学经济研究论丛
BEIJING GONGSHANG DAXUE JINGJI YANJIU LUNCONG

民营企业竞争
优势来源与机制研究
——地方政府对苏南民营企业影响实证

MINYING QIYE JINGZHENG
YOUSHI LAIYUAN YU JIZHI YANJIU
DIFANG ZHENGFU DUI SUNAN MINYING QIYE YINGXIANG SHIZHENG

薛 梅 张晓生 著

经济科学出版社
Economic Science Press

图书在版编目（CIP）数据

民营企业竞争优势来源与机制研究/薛梅，张晓生著.
—北京：经济科学出版社，2013.8
ISBN 978 - 7 - 5141 - 4024 - 8

Ⅰ.①民… Ⅱ.①薛…②张… Ⅲ.①民营企业 - 企业
竞争 - 经济机制 - 研究 - 江苏省 Ⅳ.①F279.245

中国版本图书馆 CIP 数据核字（2013）第 275786 号

责任编辑：周秀霞
责任校对：郑淑艳
责任印制：李　鹏

民营企业竞争优势来源与机制研究
——地方政府对苏南民营企业影响实证
薛　梅　张晓生　著
经济科学出版社出版、发行　新华书店经销
社址：北京市海淀区阜成路甲 28 号　邮编：100142
总编部电话：010 - 88191217　发行部电话：010 - 88191522
网址：www.esp.com.cn
电子邮件：esp@esp.com.cn
天猫网店：经济科学出版社旗舰店
网址：http://jjkxcbs.tmall.com
北京欣舒印务有限公司印装
880×1230　32 开　6.75 印张　170000 字
2014 年 3 月第 1 版　2014 年 3 月第 1 次印刷
ISBN 978 - 7 - 5141 - 4024 - 8　定价：33.00 元

前　　言

　　企业成长无论对企业本身还是对企业相关的关注者都具有重要的价值，而企业竞争优势的研究可以揭示企业成长的根本原因。苏南民营企业是一种企业形态，其竞争优势具有一般企业的共性；当然也具有苏南民营企业的个性。本研究接受了西方经济理论对企业竞争优势研究的逻辑，但苏南民营企业竞争优势与西方经济理论中的企业竞争优势会有什么不同？中国经济的背景无疑是最重要的条件。苏南民营企业根植于我国改革过程中，地方政府的放权让利既是苏南民营企业发展的起点，也是苏南民营企业进一步成长的条件。苏南民营企业是在与外部地方政府行为的互动下逐步内化成自身的竞争优势要素，由竞争优势完成了企业成长。本研究把中国改革的特殊性当成企业成长的外部环境，立足企业竞争优势形成的条件及内在转化机制，通过苏州、常州两地民营企业竞争优势来源要素的对比研究，把宏观问题与微观操作结合起来，找到苏南民营企业进一步发展所需提供的外部条件以及苏南民营企业持续发展的内在机制。

　　本书运用实地调查研究方式，通过对苏州、常州两地的企业进行问卷调查获得样本数据，采用回归分析、结构方程的实证方法，对假设的判断进行验证；同时，根据苏州、常州两地民营企业竞争优势要素对两地地方政府行为要素的响应差异，更好地揭示苏州地方政府与常州地方政府在进一步提供苏南民营企业竞争优势来源要素上的行为方式。

　　通过苏州、常州两地民营企业竞争优势来源要素对所在当地地方政府行为响应的程度来考量地方政府对当地民营企业发展的干预能力。由实证研究得出具有参考意义的结论为：

苏州地区的民营企业发展已经形成了一定的产业屏障，既有的产业结构对于当地地方政府调控措施会起到一定的屏蔽作用。因为，苏州地区由于开发区政策的现行有效性使民营企业聚集，聚集企业之间形成共享资源，共享资源既是企业共享的资本也是政府改变产业结构的成本。

常州地区的民营企业存在在当地地方政府产业技术政策与城市化政策的引导下形成企业竞争优势的后发力量。对应苏州产业格局，常州还没有产业屏障；常州地区民营企业还处在对地方政府行为内化为企业自身竞争优势的过程中。

目　　录

第一章

地方政府行为对民营企业
竞争优势的影响机制

　　企业内部要素与外部环境之间、企业环境各构成要素之间以及企业与环境之间，是一种相互依存、相互影响的动态互动关系，一方面，企业要适应环境，因为，企业作为市场竞争主体，它存在于特定的环境之中，其决策与经营活动要受环境的影响；另一方面，企业与环境之间也可视作是博弈双方，企业的决策与经营行为，也会影响环境。因此，企业也并不只是被动适应环境，而是可以根据企业环境的特性及动态变化的一般规律，通过管理的主动性和创新性，改善和控制环境（包括内部环境和外部环境），以保持企业自身的可持续发展。

　　地方政府行为构成企业外部环境与条件，苏南民营企业竞争优势要素的来源及其内部转化，与外部政府环境之间存在动态交换关系。在这样的动态交换关系及交换过程中，民营企业的发展与政府影响之间的相互关系对于创立企业独特能力、企业能力聚集地区优势、地区优势反哺企业竞争优势的强化具有重要作用。

一、地方政府的一般理论

　　地方政府由于贴近社区和基层，了解社区和基层民众的真实需求，可以在公共政策领域及时做出回应，在提供地方性公共服务方面具有得天独厚的优势。地方政府已成为国家结构形式的重要组成部分，由于国体和国家结构不同，各国对地方政府的理解也存在差异。在联邦制国家，联邦制下的成员国或州（邦）政府作为中间政府，而地方政府则指成员政府下的分支机构。例如在美国，州不是地方政府，不是由联邦划分的次级行政单位，而是组成联邦的成员单位或成员政府。而州以下的县、自治市、乡、镇、市镇、村镇以及各种特别区等地域性政府才是地方政府。在单一制国家，中央政府以下的地域性政府都属于地方政府。我国普遍将中央政府以下的分支均称为地方政府，地方政府包括省（直辖市、自治区）、市（计划单列市、地级市）、县（县级市）、乡镇几个层级。

对地方政府的解释还有广义和狭义之分。广义意义上的地方政府即地方国家机关，狭义意义上的地方政府就是地方的国家行政机关，不包括地方立法机关和地方司法机关。现代化对政府管理提出诸多要求，远远超过了中央政府的承受能力，客观上要求地方政府承担更多的地方性事务管理工作。本书采用了广义的地方政府概念，即地方政府是包含地方行政机关、地方立法机关、地方司法机关在内的地方公共权力机关。不仅如此，本书将地方各级党委也包括在广义的地方政府之中。"如果将各级党组织的领导排斥在分析之外，则无法深入把握地方政府的实际运转"，在我国当前的政治体制中，地方各级党委掌握着决策权、用人权以及其他重要权力，地方党委不仅自身具有行政功能，而且对政府行为有着极大的影响。因而本书所指的地方政府比一般广义政府具有更加宽泛的范围。

市场、政府与企业的关系既是一个经济制度和经济秩序问题，更是一个关于发展动力的制度设计问题。在西方国家，对政府与市场关系的学术研究是沿着"自由主义—市场失灵"、"凯恩斯主义—政府失灵"、"公共选择政府—政府职能转变"这样一个思想脉络展开的。20 世纪 70 年代末，中国在经济欠发达、国民收入低的历史条件下实施改革开放，中央政府无法为全国各地提供必要的发展资金，只有采取管理权限下放、财政分灶吃饭的办法激发各地发展经济的积极性，各地"八仙过海"，出现了五花八门的经济发展初始模式，其中比较典型的有基于集体经济的"苏南模式"、基于外部市场的"珠江模式"、基于内生成长的"温台模式"、基于侨乡资源的"晋江模式"等，演绎了经济发展路径的多样性。

对于地方政府发展经济的积极性，陈建军认为这是分权和分税的产物，分权和分税使地方政府有了自主的决策权和可以支配的经济利益，使地方政府的决策更接近基层生产力发展的诉求，地方政府也因此成为"经济人"。周业安认为改革和变迁的动力既有政府应有的作用，也有社会成员的自发创新行为，而地方政府更多地支持企业家活动，民间创新的领地逐步扩大。

（一）中国经济转型中地方政府主体扮演的角色范围

政府经济行为主要是针对市场缺陷、市场失灵、市场发育不足以及市场机制的自发性、渐进性，弥补市场机制的制度缺陷，反映了古典的市场机制的制度传统与不断变化或者扩大的社会制度需求之间的矛盾，在实践中表现为近代政府功能有不断扩大的趋势。就地方政府而言，虽然存在着与中央政府的分权关系，其经济行为的范围与中央政府之间存在互补与协调，但在地方政府行为的依据上以及政府功能不断扩大的趋势上都具有当代政府的上述一般性特征，这在体制转轨、发展转型、体制创新时期国家的地方政府身上体现得尤为明显。

杨瑞龙等人提出了"阶梯式的渐进制度变迁模型"，讨论了地方政府在制度变迁中的作用。他们把中国市场化的制度创新过程理解为一个中央治国者、地方政府官员和微观主体之间的三元博弈过程，三大主体在供给主导型、中间扩散型和需求诱致型的制度变迁阶段分别扮演着不同的角色，从而使制度变迁呈现出阶梯式渐进过渡特征。中央治国者因缺乏制度创新的知识而依赖于地方政府的知

识积累和传递，但为了控制由不确定性带来的风险，也需要对地方
政府的大胆改革进行必要的控制。地方政府官员作为利用政治组织
实现经济功能的政治企业家，将努力通过追逐潜在制度收益来发展
本地经济和显示政绩，总是力图把制度创新的空间推进到中央治国
者授权或默许的极限值上。而追求利益最大化的微观主体虽然渴望
能扩大其经济自由和机会的市场化改革，但他们不可能直接成为中
央治国者的谈判对象，同时"搭便车"心理的广泛存在也使集体行
动难以形成，因而乐于由地方政府出面组织进行制度创新的集体行
动。将地方政府在制度创新中的角色界定为连接中央治国者的制度
供给意愿和微观主体制度需求的重要中介。

　　洪银兴和曹勇基于地方政府对市场化过程的强有力推动作用而
将其称为"市场行动者"，认为在渐进式的经济转型中，地方政府
在创造中国市场经济体制中的关键性作用是不可或缺的。洪银兴随
后还提出地方政府本身的行动就具有市场性或"准企业行为"的观
点，强调在转轨过程中，地方政府不仅在市场机制不完善的阶段在
一定范围内发挥了本来应该由市场机制发挥的作用，而且还积极帮
助本地企业与地区外企业竞争，支持本地企业谋求利润最大化。在
此，地方政府的角色具有辖区企业总代理的意味，其与市场的关系
往往是含混不清的，地方政府也缺乏应有的界线意识。

　　李军杰、钟君借鉴西方"铁三角"（利益集团、立法者联盟和
行政机构）模型，构建了中国市场化改革的"铁三角"模型：地
方政府、上级政府（替代立法者联盟）、微观主体（替代利益集
团，主要以企业为代表）的互动关系。其结论是：中国目前的地方
政府具有为辖区微观主体服务的内在动力，但是这种动力不是来自
纳税人和公共产品受益人直接的监督和评价，而是力图把这种投资
环境和公共服务质量的提高转化为辖区经济的高速发展，进而转化
为政绩显示的经济指标。由于上级政府无法全面掌握纳税人和公共
产品受益人评价地方政府行为的信息，而只能将其简化为某些量化

的考核指标，并以此对地方政府首脑的升降提出决定性的意见，这就给地方政府留下了采取短期行为和机会主义策略的广阔空间。周振华则根据政府参与经济活动及配置资源的目标及其手段的取舍，特别是政府选择做什么、选择怎样做两个层面来考察转型期地方政府行为逻辑，并依据政府选择的约束条件及可能性空间、政府选择的目标函数、政府选择的收益与成本、政府选择的有效性几个关键性因素，建立了一个地方政府行为选择的初步分析框架。

（二）转型期地方政府推动企业发展的方式

1. 分税制前（财政包干）地方政府促进经济增长的方式。1980 年，中央进行第一次财税体制改革，实行"分类分成"的预算管理体制，省级政府很大程度上担当了地区内物资，尤其是短缺物资调配的角色，中央给了省级政府一定的计划分配权及计划外物资的审批权；在投资决策方面，省级政府对生产基建项目和技改项目的审批权在 1987 年提高到三千万到五千万元，对非生产性项目省级政府被授予了几乎全部审批权；同时省级政府还对物价、减免税、外汇使用等方面有了管理权；此外，省级政府也有了一定的地区性经济政策与法规制定权，在地区产业发展政策、外资引进政策、地区综合平衡政策等方面都可以制定本地区有关规定。投资权及其他各种权力的下放，使得地方政府有了发展经济的可能。

（1）直接投资兴办企业。由于财政包干制沿用了 1949 年以来传统的税收划分办法，按照企业的隶属关系划分企业所得税，按照属地征收的原则划分流转税，把工商企业税收与地方政府的财政收入紧紧地结合在一起。在这种体制安排下，地方有强烈投资办企业的冲动，投资于利税比大的行业，做大归于自己的收入，并用这些收入继续投资建设企业，同时实现财政收入增加和经济增长。

（2）资金投向利税大的行业。产业比较利益的差异决定了地方政府的投资流向。地方政府自主投资行为的目的是扩大地方财源，促进地区经济发展。由于各产业比较利益差别很大，地方政府在选择自主投资领域时，由于利益驱动，都将眼光放在投资效益好、财政增收大的产业上。统计资料表明，自 20 世纪 80 年代中期以来，各产业资金利税率差异较为稳定：轻工业约为 29.8；重工业约为 18.9；采掘业约为 9.0；制造业约为 17.6；而农业比较利益更低些。地方政府在选择投资领域时都是受利益驱使的，而对全国地区间产业结构协调很少过问。

（3）支持乡镇企业和非国有经济发展。支持地方企业，如乡镇企业和非国有企业的发展。由于乡镇企业和非国有企业的收益以税收上缴国家，它们隶属于地方政府管辖，不但所缴的税收几乎全部落入地方政府之手，而且乡镇企业更加倾向于将税收"缩水"、向地方政府缴纳"企业上缴利润"作为后者可以更加自由支配、不受预算约束的预算外收入。这在很大程度上刺激了地方政府发展乡镇企业的积极性。

（4）推动市场化和体制创新。地方政府曾给予农村体制改革支持、总结和推广。企业自主权试点、企业改革从承包制到股份制，都是由某些地方试点，然后逐步推广。还有价格改革和物资流通改革等，地方政府都在其中起了重要的推动作用。地方政府出于通过制度创新营造有利于本地经济发展环境的动机，在制度创新中扮演着主动谋取潜在制度净收益的"第一行动集团"的角色，推动我国供给主导型制度变迁方式逐步向中间扩散型制度变迁方式转变。

（5）引导社会资金积累和流动。在条件许可的情况下，地方政府将充分利用可以利用的经济权力和行政权力，促使社会增加资金积累，并引导银行和社会资金流向目标发展产业。招商引资、引进外国资金，满足经济发展的资金和技术需求。

（6）以各种形式支持企业发展。地方政府凭借自己的权威、信誉担保，为企业融资和贷款；以"政府搭台、企业唱戏"的形式为企业牵线搭桥，搞横向联合，促进本地企业向外部市场扩展；千方百计向中央争项目、争投资以及各种优惠政策。甚至干预市场和创造需求，创造企业发展的条件。

2. 分税制后地方政府促进经济增长的方式。

（1）兴办工业企业的热情大为下降。分税制改革，特别是2002 年所得税分享改革后，地方政府兴办工业企业的热情大为下降。工业化始终是城市化的基础力量。没有迅速增加的企业投资，就不可能进行大规模的"圈地"和城市化建设，所以招商引资一直是地方政府工作的重点。但是与分税制改革之前的情况不同之处在于，地方政府发展企业从追求"所有"转变为"不求所有，但求所在"，不再是直接投资发展自身的企业，而是通过"招商引资"发展工业以获得税收的好处，并从工业化展开的城市化中获得好处。

（2）市场分割和地方保护主义的动力下降。用分税制代替包干制后，弱化了市场割据现象，促进国内统一开放市场的形成。因为分税制的一个重要特点，就是按税种划分中央和地方的财政收入范围，把现存各税划分为中央税、地方税和中央与地方共享税三部分，并且共享税又采取了由中央征收后返还给地方的做法。特别是在 2002 年企业所得税分享改革后，总体上已打破了旧有的按行政隶属关系划分收入的格局，地方面对企业，无论是否隶属于自己，都一样能从中取得应得的收入。

（3）实现目标的重点转向城市化。地方政府的财政收入增长方式发生了明显的转变，即由过去的依靠企业税收变成了依靠其他税收尤其是营业税。对于地方财政而言，增值税收入在财政收入中的比重呈下降趋势。对比增值税和营业税的变化情况，我们看到这两者呈现出一种替代关系；1994 年改革之初，两者的比重差不多，增值税占22%，营业税占20%；到 2003 年，营业税已经上升，占地方财政收入25%的比重，而增值税下降到18%。2002 年开始中央进一步实行所得税分享改革，即将原来属于地方税收的企业所得税和个人所得税变为共享收入（中央占60%、地方占40%），这使得地方政府能够从发展企业中获得的税收收入进一步减少，同时使得地方政府对营业税的倚重进一步加强。2002年以来营业税的比重迅速上升。

与增值税不同，营业税主要是对建筑业和第三产业征收的税收，其中建筑业又是营业税的第一大户。所以，地方政府将组织税收收入的主要精力放在发展建筑业上。地方政府在2002年以来对于土地开发、基础设施投资和扩大地方建设规模的热情空前高涨。

（4）寻求预算外资金的重点转向以土地收入为主的制度外收入。预算外资金的主体是行政事业单位的收费，非预算资金的主体是农业提留统筹与土地开发相关的土地转让收入。与预算内资金不同，这些预算外和非预算的资金管理高度分权化。对于预算外资金，虽然需要层层上报，但是上级政府一般不对这部分资金的分配和使用多加限制。对于非预算资金，上级政府则常常连具体的数量也不清楚。对于地方政府而言，非预算资金的主体是土地开发和土地转让收入。这些收入是地方政府通过征地、开发、出让之后得到的收入。

二、企业竞争优势要素来源理论

（一）企业资源观

企业资源观经济学的出现最早可追溯到 E. T. 彭罗斯（E. T. Penrose）于1959年提出的把企业看作是"一系列资源的集合"的观点。彭罗斯认为，企业应视为"资源的集合，而非古典经济学理论所认为的仅仅是产品—市场的集合"。企业资源观经济学的另一篇重要文献是 B. 温纳费尔特（B. Wernerlelt）于1984年在《战略管理杂志》上发表的"企业的资源观"。正是这篇文献，奠定了企业资源观经济学的基本框架。但是直至 20 世纪 80 年代末，作者的观点才开始在学术研究领域内得到重视。而被企业界所接受和开始关注则是在 1990 年 C. K. 普拉哈拉德（C. K. Prahalad）和 G. 汉默尔（G. Hormel）的"公司的核心能力"在《哈佛商业评论》上发表之后。至此，围绕着企业的资源观，大量的理论和实证研究文献相继发表，并越来越引起人们的关注和重视。

　　总体说来，企业竞争优势的资源观经济学着重研究企业资源与企业绩效之间的关联性，以及企业持续竞争优势的来源及其成因，其基本假设有：要素（或资源）市场的不完全性；企业的异质性；专业化程度的差别；企业资源的有限流动性。这个研究流派中有大量文献对企业异质性进行了分析和阐释。M. A. 彼得拉夫（M. A. Peteral）认为，由于资源市场的不完全性和企业在发展和配置资源的管理决策上的差异，企业在其控制的资源和能力上不可避免地存在异质性。对于管理者而言，他们所面临的挑战就是辨识、开发、保护和配置企业的资源和能力以获得持续的竞争优势。那些与竞争对手相比具有独特性或优越性的资源，如果与企业的外部环境机会匹配得当的话，它们将成为企业竞争优势的基础。

　　彼得拉夫还运用经济学分析方法对企业持续竞争优势来源进行了阐释。研究结果表明，企业的持续竞争优势来源于如下四个前提条件：（1）产业内企业资源的异质性，它将导致"李嘉图垄断租"（Richardo rent）的产生；（2）对竞争的后验限制，它使得"租"不会随着时间的推移而消失；（3）资源的非完全流动性，它阻止"创新租"被企业外部或竞争对手所分享；（4）对竞争的先验限制，指在企业建立起具有竞争优越性的资源地位之前，市场竞争必须是有限适度的。

　　该理论强调要素市场的不完全性，认为企业不可模仿、难以复制、不能完全转移的独特的资源和能力是企业可持续竞争优势的源泉（Rumelt, 1984；Wernerfelt, 1984；Amit & Schoemaker, 1993），如果企业无法模仿或复制出成功企业产生特殊能力的源泉，企业之间的效率差异状态将永远持续下去。而这种模仿和复制一般是不完全的，原因在于"因果模糊"（罗曼尔特，1984）。因为在众多因素同时并存，相互影响、制约的情况下，竞争对手很难确切判定到底哪些因素是竞争优势真正的决定因素。这种看法实际上把企业的经营战略作为企业内在的固有效率差异而积累和保持的，用产生理查德租金的资源来进行分析（Lippman & Rumelt，1982）。

在企业竞争优势的经济学分析当中，"企业异质性"占有相当重要的地位，大量的研究分析把着眼点放在两个方面，首先是企业异质性的成因，其次是企业异质性及其他一些相关特性与企业竞争优势之间存在的关联。

在古典微观经济学理论当中，企业之间不存在异质性，企业在很大程度上被视为一个"黑箱"，它们作为一个"生产函数"被动地接受市场价格信号，生产同质的产品，至于企业内部结构和过程则与其市场行为是不相干的。因而，企业是不可能通过战略性差别来构建自己的持续竞争优势。

为弥补新古典微观经济学的上述缺陷，科斯（R. H. Coase）创造性地把"交易费用"概念纳入经济学分析。科斯在其《企业的性质》（1937）一文中明确提到，"所以，当资源的导向依赖于企业家时，由一些关系系统构成的企业就开始出现了"。与此同时，交易费用的存在也使得一些能力要素在一些企业管理决策层的效用大为降低。而且，对企业资源或能力要素的有效管理会使其组织成本大大提高，从而有可能阻止了一些企业内生发展能力要素的决策和努力。

自从科斯提出了"企业为何存在"的问题之后，新制度经济学，包括企业交易费用理论、代理理论和契约理论在内，取得了重要的进展，较好地解释了企业存在的内在合理性。但尽管如此，以交易费用为基础的企业理论在解释一些现实问题时并不能令人信服，如企业之间为何会存在异质性，为何在相似的激励安排下，一些企业在市场竞争中获得更为优越的经济绩效。

交易费用经济学虽然正视了信息不足的困难，指出因监督或量度费用的存在，而导致不同制度的出现，但它基本上仍忽略了决策者所面对的不确定性，对于创新过程的特性考虑尤其缺乏。进而R. 纳尔森（R. Nelson）和 S. 温特（S. Winter）指出，"修正的新古典主义阐述低估了与创新企图相联系的不确定性，与这些企图的结果相联系的知识的公开性，以及企业行为和机会的多样性，在一个创新具有重要作用的现实世界中，这种多样性是必然存在的"。其次，交易费用经济学的分析大多集中于企业的交易过程，而对生产过程和活动较为忽略，尤其是其假定所有生产者均拥有同样的知识，即不同企业在生产过程的知识是同质的，而这在现实世界中恰恰是不合理或是不尽合理的。

正如 H. 德姆塞兹（H. Demsetz）所指出的，基于交易费用的企业理论之所以忽视企业的生产功能，就因为它隐含地假定"某些方面的信息是完全的和无成本的"，"尽管从管理者控制的角度将信息的获得视为是有成本的，但就生产方面而言，信息仍被潜在地假定为是无成本的"。交易费用经济学更为关注的是由于企业在资源交易方面的效率或者技巧所带来的差异性，他们承认在交易过程中信息的不完全性和获得代价的高昂，而忽视了企业间由于所拥有的技术和知识的差异而带来的企业异质性，或者说，生产过程能力和效率上的差异。

（二）企业能力观

能力基础理论可以追溯到 200 年前亚当·斯密的生产分工理论。亚当·斯密强调生产的分工，而企业能力理论则强调能力的分工。早期的研究在解释企业成功的问题上提出了成功的三个主要条件（Learned et al. , 1965；Andrews, 1971）：（1）公司形成并贯彻执行了能集中反映其市场位置的一系列内部一致的目标和职能政策；（2）这一系列内部一致的目标和职能政策把企业的强项和弱项与其外部（产业）的机遇和威胁相联系。战略是企业与其环境相联系的过程；（3）企业的战略同其"与众不同"的创造和开发能力紧密相关，"与众不同"的能力是企业所拥有的唯一的强项，是企业成功的中心环节。

到了20世纪80、90年代，该理论得到了进一步的发展，"核心竞争力"的提出（Prahalad & Hamel，1990）更是引发了一轮新的研究热潮。基于能力、资源的理论把企业拥有的特殊资源和能力作为影响企业长期竞争优势的关键因素。企业能力有着特殊的、可为人们认同的、呈现非对称分布的组成成分。企业的能力可能属于企业内不同的个人，但存在于企业和企业战略管理中的特殊能力更突出地表现为一个组织所拥有的资产，而不是某个人的私人资产。

该理论强调要素市场的不完全性，认为企业不可模仿、难以复制、不能完全转移的独特的资源和能力是企业可持续竞争优势的源泉（罗曼尔特，1984；沃纳菲尔特，1984；阿密特和休梅克，1993），如果企业无法模仿或复制出成功企业产生特殊能力的源泉，企业之间的效率差异状态将永远持续下去。而这种模仿和复制一般是不完全的，原因在于"因果模糊"（罗曼尔特，1984）。因为在众多因素同时并存，相互影响、制约的情况下，竞争对手很难确切判定到底哪些因素是竞争优势真正的决定因素。这种看法实际上把企业的经营战略作为企业内在的固有效率差异而积累和保持的，用产生李嘉德租金的资源来进行分析（李普曼、鲁梅尔特，1982）。

进化论所关注的是企业如何建立和发展自己的资源和能力优势，从而获得长期租金。该观点从多方面探讨了组织进化的驱动力。其主要观点有：

首先，动态能力的驱动。该理论是在资源基础论基础上发展起来的。在技术革新迅猛发展的时代，传统的核心技术、资源由于其

"相对粘性"（Teece et al.，1997；Szulanski，1996）而往往成为企业进化过程中的绊脚石。因此，变革时代的胜者将是那些对变革能及时、快速做出反应，能快速、灵活地进行产品革新，并有相应的管理能力进行有效协调、调整其内外部能力的企业。蒂斯等把这种新型的竞争优势源泉称为"动态能力"。"动态"是指为了与变化的环境保持一致而更新能力的能力；"能力"则强调战略管理在采纳、整合、重组组织内外部技能、资源以便与变化的环境相匹配的过程中所扮演的关键角色。①

按照动态能力理论的观点，一个企业要创造并保持其竞争优势，需要做两方面的工作：一是开发现存的企业独有的能力；二是开发新的能力，即更新现存能力的能力。现存的企业独特的能力是内隐的，存在于企业的技术、知识位势中，存在于企业的日常事务的处理流程中，存在于企业的惯例中，而这种内隐的能力是难以模仿和复制的；至于更新能力，企业在熊彼特式的竞争中所面临的战略问题一是如何识别企业独特的能力，二是决定在几个可能会有竞争优势的领域中投入多少。而这种决策通常受到企业以前的进化途径、以前决策的影响，即决策是路径依赖的。

其次，学习和自然选择的驱动。任何组织都会面临适者生存的自然选择过程。进化的过程是一个动态平衡的过程，在这个过程中，学习和选择扮演了极其重要的角色（Barnett et al.，1994）。首先，竞争的压力迫使组织学习，无知而又不学习的组织必然被淘汰。而出于竞争压力的学习多数是问题研究型的学习，有利于快速提高组织绩效，但在变革的社会中也容易造成"能力陷阱"。其次，竞争也强化了选择—淘汰过程。通过自然选择生存下来的组织更具能力，更具效率。自然选择实际上对组织学习等起着检验的作用。但同时，组织的战略行动又在一定程度上影响进化力的作用。如组

---

① Teece, D. J. and Shuen, A. Dynamic Capabilities and Strategic Management, Strategic Management Journal, 1997 (18): 7.

织规模、组织结构等对进化力的作用会产生一定的抵抗力。

(三) 企业资源和能力的关系

最初，彭罗斯（E. Penrose，1957）在《企业成长论》中，正式提出了企业是一个具有不同用途、随着时间推移而变化、由管理决策决定生产的生产性资源的集合体。她通过经济理论的演绎，提出了"组织不均衡成长理论"，认为企业成长的主因是"组织剩余"（organizational slack）。企业是一个有生命的组织体，是一个管理控制的组织，并非只是生产性的资产，而企业的生产要素是一种动态的组合过程，它会随着时间或学习的积累而产生剩余，此概念也是资源基础论的最早来源。后来，1984 年沃纳菲尔特（Werner-felt，1984）依循彭罗斯的"企业是资源的集合体"的观点，在《企业资源观》一文中，提出了"资源基础观点"（resource-based view）一词，认为企业的资源基础观，是视企业为一个有形与无形资源的独特组合，而不是从产品市场的活动来看一个企业。企业战略的思考角度转变为以"资源"来替代传统的"产品"观点，与在传统产业经济学的梅森－贝思（SCP）分析框架基础上发展起来的企业竞争优势理论不同，此种转变将战略制定的基础由外部的"产业竞争分析"，逐步移转到内在能力的"资源基础观点"。能力和资源的区别主要体现在存在形态、获取方式和作用机制上，即能力是无形的，而资源则可以是有形的；能力主要来自企业内部的长期积累，而部分资源则可以从市场上通过购买而获得；能力是一个相对主动和动态的矢量概念，而资源则是相对被动和静态的度量概念。与此同时，资源和能力之间又存在着密切的联系。能力的形成依赖于资源的储备，而资源的获得也依赖于企业的能力；资源是企业竞争优势形成的基础和前提，能力是合理配置资源的技能和经验，是实现企业竞争优势的动力和过程，资源和能力缺一不可、相互促进、紧密结合，共同构成企业竞争优势的现实源泉。

　　资源和能力是企业竞争优势的两大类最基本的来源要素，同时又是两个各具内涵和表现形式并相互区别的概念。但在理论研究中，对资源和能力的关系有着多种不同的看法。格兰特（1991）、阿密特和休梅克（1993）等学者认为资源和能力是两个有所区别的概念。格兰特（1991）认为资源是企业生产过程中的投入要素，其本身很少具有生产性；能力则是在生产活动中组合众多需要合作和协调资源，来完成某项任务或活动的组织流程和手段。如果说资源是能力之源，那么能力就是竞争优势之源。阿密特和休梅克（1993）认为资源是企业拥有或控制的要素存量；能力则可抽象地看作企业特有的为提高其资源生产效能而衍生的中间产品，是通过企业资源之间复杂的互动作用长期培育起来的。他们同时从能力的企业专有属性和使用目的两个层面来区别能力和资源。蒂斯等（1997）、马卡多卡（Makadok，2001）等学者也从可获得性上的差异来区分资源和能力，并认为资源可以在要素市场上通过购买而获得，而能力则只有在企业内部通过构建而形成。莫宁顿等（Moingeon et al.，1998）认为能力是企业对资源进行优化配置的过程。沃纳菲尔德（1984）、巴尼（1991）、霍尔（1993）、彼得斯（Peteraf，1993）、科利斯和蒙哥马利（Collis & Mongomery，1995）、马凯兹和威廉姆森（Markides & Williamson，1996）、佩特罗尼（Petroni，1996）等学者则将能力纳入广义资源的范畴，并认为能力是一种特殊的资源，它存在于人力资源等企业资源之中。而曼索尔（Mansour，1998）则将资源视为企业四大能力层次体系中的最低层。

　　本书采取资源特征识别及其与竞争优势的关联，关键在于描述和测量导致企业竞争优势的资源和能力的特征。在这方面已有巴尼（1991）、彼得斯（1993）、迪瑞克斯（Dierickx，1989）和巴尼（1986b）进行过研究，他们的研究方法：先分析和测量企业资源和能力的属性，然后将这些测量特性与企业的绩效和竞争优势关联起来；罗宾斯和怀斯曼（Robins & Wiserma，1995）、亨德森和科伯恩

（Henderson & Cockburn，1994）、马卡多卡（1999），以及巴尼和阿里坎（Barney & Arikan，2001）也采取了类似的研究方式。结果表明：将战略建立在路径依赖、原因模糊、社会复杂和无形资产等特征资源基础之上的企业其经营绩效要比那些将其战略仅仅建立在有形资产基础之上的企业好。也就是说，对竞争优势的研究，要把企业当成立体组织，其内在有静态有形的资源，也有动态能够转化静态资源的能力，还有与外在环境进行交换的物质（共享资源）。马卡多卡（2001）称企业如何开发和利用它们的有价值的、稀缺的、难以模仿的资源和能力来产生经济租金为"资源发掘"（resource-picking）理论。因此，本书对苏南民营企业竞争优势形成的挖掘中，资源与能力不做精细区分，更关注企业有价值、稀缺、难以模仿的描述是什么，而不是定性资源与能力的分类。

三、资源角度实证地方政府主体的行为变迁

（一）企业资源观的拓展：资源分析的演进

资源观认为，企业战略和经营的成功基于它的资源结构。不同企业的内部资源并不同质，一个企业凭借对这些资源的独占和利用而获得竞争优势，其利润来源是对这些资源进行有效组合后的"组织剩余"。至此，我们可以把作为单一企业竞争优势表现的"组织剩余"看作是"资源租金"，即经济租金产生于供给有限或准有限的资源。与传统微观经济学家在分析竞争优势时，只关注企业对供给有限的自然资源（如土地）通过向政府寻租而独占（垄断）不同，资源观下的竞争优势既有来自对有限资源的独占利用（垄断），也有企业通过组合培育与开发出的供给有限的（相对于其他企业）异质性资源。准确地说，企业是在自己企业内部较好地占有和利用了"共享性资源"，对于稀缺的原始资源，由于其不可分割性，有

许多属性价值被留存在"公共领域",从而成为大家竞相争夺的"资源租金",而只有通过组织化方式来利用,才能避免在"寻租"过程中的"租值耗散";也有在组成企业之后新产生的组织资源,也以大家"共享"合作利用的方式存在,这些资源在很大的程度上也是不可分割和难以模仿的。正是企业对这样一些共享资源的有效利用,才源源不断地产生出"组织剩余",可见,所谓"租"与"共享性"相联系,稀缺仅只是其存在的条件。

资源观揭示企业的竞争优势在于其所拥有的资源及其结构,但竞争优势是不断变化的,因而企业要保持竞争优势,就必须能够不断获取资源,并能够实现经济组织中资源、能力、竞争力的递进转化,这其实也就是"整合"资源的过程,也即是持续竞争优势源于组织对于不同资源在时间和空间上的不断"整合",不仅是对于企业内部不同资源的整合,而且包括企业内部和外部资源的整合。因此,资源的"整合"是企业组织产生竞争力的关键机理。在整合资源的过程中,企业组织之间分工合作的关系逐渐成形,于是产业集群也借助资源整合而产生。而连接企业与产业集群的共通的东西是共享资源,共享资源是它们转换和演变的逻辑基础(见图1.1)。

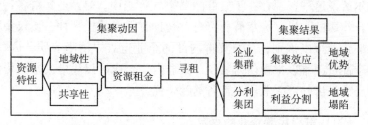

图1.1　以资源为基础的区域聚集因果模型

1. 资源的本质属性是地域差异和资源共享,地域差异是资源存在的外在表现,而资源共享则决定了资源被利用的方式。资源的地域性决定了资源被利用的范围,资源的共享性决定着资源被利用的组织方式。笼统地说，要按照资源共享的层级范围利用资源，不同范围不同属性的资源要在不同的组织层级和组织方式下利用，资源利用并不只有市场交易和政府国营两种方式，还有其他许多中间性方式。

2. 一定地域范围共享下的资源，内含有丰富的资源租金，这是吸引相关利益主体竞相"寻租"的动因，借助对资源租金的争夺，呈现出利益主体在一定地域范围内的集聚。因此"资源租金"和利益主体的"寻租行为"才是共享资源为基础的经济集聚的真正内在动因。

作为企业相互作用形成的共享性资源，它是企业地理临近性与组织临近性相互作用的结果。缺乏组织临近性，仅有一墙之隔的两个企业也会没有"共同语言"；缺乏地理临近性，则会由于没有面对面的交流而使企业间的缄默性知识无法有效传递；同样没有地理临近与组织临近的保证，基于"亲缘"和"地缘"关系的"信任"网络就难以形成，企业间的交易费用也无法降低。协同效应与溢出效应实际上是基于共享资源而产生的综合结果。由此可见，共享性资源实际上是产业集群所有的一种无形的网络结构性资源，正如马歇尔所说这种资源存在于集群的"空气"当中，是产业集群各特性综合作用的结果。为集群所特有，其具有很大的模糊性，不仅集群外部企业难以识别，甚至集群内部的企业也难以清晰表明，因此，共享性资源难以被模仿与复制，集群内部企业可以凭借共享该资源而赢得集群外部企业所不具备的竞争优势。

（二）苏南民营企业的界定

苏南民营企业的概念界定划分为苏南模式与民营企业两个方面。历任江苏省人民政府副秘书长、江苏省计划与经济委员会主任、发改委主任钱志新总结，苏南模式经过了三个发展阶段：

第一阶段：20 世纪 70 年代末至 80 年代初，在这一阶段，苏南地区的发展重点在农村。农村集体所有的乡镇企业充分抓住了短缺经济下的市场机遇，利用毗邻上海的区位优势，积极引进上海的技术，获得了快速发展。苏南地区的农村快速实现了工业化，集体经济由此成为苏南经济的支柱，带动苏南 GDP 由百亿规模增长到千亿规模。

第二阶段：20 世纪 90 年代开始，当时，苏南地区紧紧抓住了国际产业转移的机遇，加快了对外开放的步伐，先后建立了大批的工业园区，瞄准国际一流技术，积极引进外资企业，利用低成本优势承接国际产业转移，外向型经济特征明显，开发区由此成为这一阶段苏南经济发展的主导力量，并带动苏南 GDP 由千亿级增长到万亿级规模。

第三阶段：21 世纪以来，苏南地区进一步深化改革，通过企业改制，使得原先的集体企业转变为民营企业，乡镇企业产权也逐步量化到个人，进一步激发了企业家的创业动力。由此，民营企业该阶段在产权改革的同时，也更注重自主创新，产业不断升级，技术含量也逐步提高。苏南经济也从原先的粗放式增长过渡到依靠科技创新的内涵式增长。

因此，本书所指"苏南"，不仅是地域概念，也是经济发展概念，即包括了苏、锡、常地区县治、乡镇的行政区划变革结果：苏州、无锡和常州三个地级市以及所辖的九个县级市，具体是指苏州所辖的吴中区、相城区、平江区、沧浪区、金阊区、苏州工业园区、苏州高新区（虎丘区）市内 7 区和张家港、常熟、太仓、昆山、吴江 5 市；无锡所辖崇安、南长、北塘、锡山、惠山、滨湖、新区市内 7 区及江阴、宜兴 2 市（县）；常州所属武进区、新北、天宁钟楼、戚墅堰、高新技术开发区市内 6 区和金坛、栗阳两市；苏南地区总面积占全国的 0.18%，人口占全国的 1.08%。

苏南民营企业是从乡镇企业起步，历经对乡镇企业的产权改制后形成了各具形态的所有制形式的企业。本书研究的目的是揭示苏南民营企业竞争优势构成因素及构成因素所受的影响、变迁过程，乡镇企业改制后严格意义上讲已经没有乡镇企业，甚至乡镇企业已经是一个历史名词。而本书又要区别国有经济条件下的企业形态，因此，本书苏南民营企业指中国现阶段苏南的国有民营经济、集体经济、个体经济、私营经济、外资经济和混合经济六种经济成份。基于上述概念的认识，除了国有国营，其他的所有制形式和经营方式均属民营之列。苏南民营企业主要集中在制造业，所以，本书的研究对象采用了苏南民营制造企业，所用研究样本也都是苏南民营制造业。

（三）共享资源依存领域为线索的地方政府行为演进

在计划经济下，资源被高度集中在政府手中，许多资源被置于公共领域。当行政性分权提高了地方政府可以控制的资源，地方政府成为捕捉这种潜在获利机会的主要主体。而对公共领域资源的利用过程，既体现了资源利用侧重点由自然资源到社会资源的演进，也体现出地方政府行为的变化进程。

在放权让利的改革初期，以各级地方政府创办企业的最早最多，当时代表性的就是乡镇企业。借助行政隶属关系在行政辖区范围获得"公共领域"的"资源租金"成为各级政府竞相追求的普遍动机。而且这些租金更多地体现在对实物资源的占有上，这时谁拥有稀缺的资源，谁就能获得资源的优势。这时的资源共享以自然资源为主。

但是随着技术及其组织学习能力的提高，依赖于稀缺资源的行政性"公共领域"所形成的"租"逐渐降低，这时建立在专业化技术"公共领域"基础上的潜在利润成为主要的利润来源，于是对专业化合作所形成的资源价值比较重视。

再到后来，潜在租金依存的资源"公共领域"向纵深发展，其中在区域范围内所形成的聚集经济优势引人注目，而今继续向"泛区域一体化"延伸，在更大的范围内综合区位、资源、市场、技术等资源优势。在这一演进过程中，时时能发现地方政府的身影，也就是在众多行为主体中，地方政府行政性关系资源仍然还是起着重要的作用。比较一开始的政府亲自出面办企业，到现在的政府牵线搭桥搞环境，这个角色职能的转换并不单纯是改革对政府职能的界定，而是依存于资源"公共领域"的租金对各种利益行为主体作用的结果。而这样的演进是以共享资源依存领域为线索的，具体可分为四个阶段：

第一阶段，地方政府兴办和控制企业。以地方政府公有的名义对自然资源占有和支配，开发资源招商引资，最突出的就是乡镇企业的兴起。偏低的原材料价格使得地方政府通过对工业品投资可以获得更多的财政资源，实现更好的经济业绩，与此同时短缺经济的特征使得这些投资几乎能够轻易地实现盈余。地方政府采用各种手段对原材料展开争夺，并对中央在计划价格下形成的物资调拨体系及协作体制形成冲击。但中央政府和地方政府行为之间的冲突占据主流。

第二阶段，地方政府兴办市场和封锁市场。在20世纪80年代中期到1992年以前。从省到乡兴办市场，流通领域改革很快，市场资源的重要性引起重视。这时不同地区之间的冲突超过了中央和地方之间的矛盾。1980~1988年，由于计划经济短缺的持续存在，生产要素和消费品市场是卖方市场，只要有产品就不担心卖不出去。出于对财政收入的追求，各地区竞相投资见效快、价高利大的加工业，竞相从国外重复引进加工设备与技术，引发全国加工工业热，同时引发了原材料严重短缺。此时，地区之间的竞争主要是要素市场的竞争，争取要素投入。1989年以后，各地加工工业的盲目生产使得产品市场普遍出现供大于求的现象，产品市场之间的竞争成为主要的竞争方式。中央紧缩政策加大了市场压力与需求约束。在这种情况下，市场成了地方财政收入增加的关键。保护本地市场不被侵占成为地方政府竞争的主要内容。各种以经济、行政乃至法律手段建立起来的关卡遍布全国各地。

第三阶段，地方政府兴办开发区。20世纪80年代兴办开发区实际是中央政府行为，但从20世纪90年代中期，这成为地方政府的兴趣。1984年底，国务院在14个沿海开放城市批准成立了14个经济技术开发区，大都带有鲜明的"中央主导型"特点。1990年以后，各地各级政府已经有了很强的资源配置能力，在首批开发区成功运作的鼓舞下，纷纷兴办开发区和工业区。随后，出现了国家级、省级、市县级甚至乡镇纷纷建立开发区。各地热衷于大建开发区，最初是为了吸引外资，此后内资、外资来者不拒，逐渐演变成各种集商业、工业、居住一体化的城市综合"社区"。1992年底全国有9000多个开发区，有的县就有十几个。

第四阶段，经营城市。经营城市这个概念来源于大连在20世纪90年代的做法，在2000年中国市场协会第三次代表大会上提出，代表了城市市场化发展的理念。所谓经营城市，是将城市作为国有资产，就是把市场经济中的经营理念、经营意识、经营机制和经营方式等运用到城市建设和管理上；对城市资产进行集聚、重组和营运，实现城市资源的有效配置和效益的最大化、最优化。在实际中，经营城市最核心的做法是经营城市土地，通过对城市综合规划，基础设施建设、环境建设、房地产建设提高土地的价值，把土地的增值转化为货币，积累城市发展的资金。把地方政府能够控制的城市中除企业以外资源，主要是土地，还有公共资源作为资产来经营以达到财政收入最大化，积累城市建设和发展资金。

地方政府自身所面对的是一个变动不居的制度环境，制度环境的变迁又引发了政府行为主体的网络体系内部各种关系，包括上下级政府之间、同级政府之间、政府内部各职能部门之间，以及政府同社会各利益群体之间等关系的错综复杂的变动。在这样的背景下，已逐步演变成一个相对独立的利益主体的各级地方政府，从自身特殊的效用偏好出发，总是能够找到自行扩张权限的制度空间，由此导致地方政府实际拥有的行为自主性空间不断膨胀。无论是执行上级政府制定的政策，还是追求地方政府自身的行政目标，地方政府都拥有了前所未有的自主选择余地。在这样一个充满弹性的行为自主性空间中，地方政府不仅能够根据自身的偏好选择性地执行中央的政策，履行自己的职能，还可以根据自己的效用目标来配置其拥有的越来越丰富的公共资源，甚至还可以在一定程度上凭借自己同上级政府的博弈经验或者地方的经济实力，超越自身权限，突破政策界线，自主地把握政府行为的边界。换言之，正是地方政府行为自主性的日益膨胀，铸就了地方政府行为巨大的不确定性，铸就了地方政府行为以及地方经济发展模式的区域性和个性化差异。

第二章

苏南民营企业竞争优势的要素来源

既然企业理论认为企业竞争优势来源于其所拥有的资源，那么识别关键资源就是聚焦企业竞争优势。按照一般思路，最好是列举出企业所有资源，然后逐一分析它们对企业绩效的影响作用，在此基础上将企业竞争优势归结为某一（或某些）资源。然而，要列举出一张企业资源清单是不可能的，企业资源对企业绩效的影响随条件的不同也会大相径庭。因此，作为研究从理论上分析企业资源、能力如要产生竞争优势，它应具备哪些特征，然后再用这些特征来识别关键资源、战略资源。简单来说，就是建立一个条件框架，凡是能装进这个条件框架的就可以判定为关键资源，而不是将竞争优势与某一（或某些）资源一一对应。

苏南民营企业是在政府作用背景下，企业内部与外部互动过程中形成企业竞争优势。因此，对苏南民营企业竞争优势要素构成上的条件框架应该包括：企业内部、企业与外部互动中资源的扩展范围，企业资源与能力的一致性。

一、地方政府行为对苏南民营企业竞争优势的影响机制

（一）地方政府与民营企业互动机制

政府与企业是区域空间中的两个重要区域主体，它们（尤其与地方政府）之间的相互作用，形成不断变化的各种空间关系，这就

是"政府—企业互动机制",主要包括三方面内容:第一,政府层面,即上下级地方政府之间以及同级政府之间的互动。地方政府对企业集群的影响首先表现在:通过产业促进政策影响资本投资方向,并诱导技术路径与产业结构的转变,进而影响到企业集聚规模大小。其次,地方政府通过产业布局政策,对企业以及其他机构的区位选择施加影响。各种类型的工业园区即是典型的例证。各级政府主导的工业园区实际上就是政府间博弈均衡的结果,上至省市下至乡镇,几乎各个行政层级都有自己的开发区或产业园区。第二,企业层面,即企业与企业之间的互动。首先,就单个企业而言,企业根据环境条件的变化,为降低企业运行成本,更好地实现规模经济与范围经济,分享中心城市的外部经济效果和形成产业聚集效应,不断进行区位调整,从而在空间上重新布局业务和机构,再造企业生存空间和价值空间。其次,就企业之间关系而言,企业的区位决策既是地理临近性的表现,又是组织临近性的表现,反映了地区企业间竞争与合作的内在联系。最后,在形成企业集群之后,集群企业共同构成规模庞大的地方产业网络,网络成员尤其是核心企业的区位变化,会影响其他成员的区位行为,进而可能引起整个地区企业集群的空间结构重组。第三,政府与企业两个层面,即政府与企业之间的互动。企业与地方政府的区位目标函数存在明显的差异。前者是在达到预期空间边际利润率的条件下,尽可能使空间经济租金最小化,后者则是经济租金的最大化。因此,地方政府和企业在地域空间结构安排方面的长期合作既符合各自的长远利益,也构成了区域空间结构优化的社会基础,通常地区企业集群的核心企业因为具有较雄厚的经济实力、较大的网络权力和较强的区位能力,所以他们在与地方政府博弈时,讨价还价的能力较强,占有较大的优势。

中央政府作为改革的发动者和市场经济方向的把握者,中央决策只给出一个带有方向性的基本界定和大致的许可范围,而给地方基层政府以及微观利益主体留出一定的具有弹性的活动余地（周振华，1998）。其中实行分权，特别是改革决策权的下放，对于降低改革不确定性，增强利益主体的自主权，从而保证改革的市场化发展方向具有特别重要的意义。其实质就是并不对改革目标进行理性选择，而是重在实施行为激励。其中分税制，既调动了地方积极性，又规范了政府与企业的关系。明显地由行政性分权转变为经济性分权，比较一开始地方出面办企业（如乡镇企业）到现在政府一心搞环境，政府行为可以说是发生了天翻地覆的变化。可以预计，分权条件下地方政府与中央政府的竞争将长期存在。

地方政府与地方政府之间的竞争，主要围绕技术、制度、公共品供给展开，其直接目的是吸引更多的可流动生产要素流入，通过生产要素的合理配置，促进经济发展。分权化的财政体制不仅形成了上下级的资源控制权之争，而且还产生了同级地方政府之间吸引资源的竞争。我国地方政府之间竞争的基本内容包括：（1）完善包括税收竞争、补贴竞争以及规制竞争在内的制度供给。（2）进行人才、技术、知识产权、专利的争夺和技术创新的平台准备。（3）提高基础设施、公共服务、发展环境等公共物品供给水平。（4）支持和鼓励辖区企业率先发展。（5）向中央争取比其他地方更优惠的待遇和政策。（6）提高本地政府的行政效率。地方政府竞争的直接后果是释放了地方政府的潜能，促进了区域经济增长，但同时，也导致了地方政府竞争目的和手段的异化，地区经济发展不平衡的局面加剧，地区经济增长和发展的协调性矛盾日益显现。

地方政府与企业之间的互动博弈。20世纪90年代财政、税收、金融等方面的改革，硬化了地方的预算约束。非国有企业的日益发展对国有企业发展造成竞争压力。在硬预算约束下，绩效差的国有企业，成为地方政府的负担。为摆脱国企亏损补贴负担沉重的包袱，国企改制、民营化、强化预算约束等制度创新成为一些地方政府的理性选择。一些地方政府对企业的扶助壮大了企业实力，加强了企业间的联系，形成了企业集群，获得了新的竞争优势。从动态演变的阶段来看，可以分为四个阶段的互动演变进程：

第一阶段是改革之后到20世纪80年代中期前，中央政府基本控制着所有的经济资源和发展权限，中央政府相当于一个大型公益机构，集计划、决策、监督等各种职能于一身，地方政府相当于机构内部的"事业部"，并没有地方经济发展的剩余索取权，其主要的职能是执行权，企业完全依附于政府，无非是隶属于中央还是地方的差异，承包也是在部门利益主导下进行。这时所表现出的竞争至多是地方政府尚未成为独立经济利益主体的一种"有限竞争"。

第二阶段是90年代初开始放权让利后到90年代中期实施分税制，这是一个以市场的扩张和政府从竞争领域有选择退出为核心的改革阶段，对经济资源的控制面临重新"洗牌"，政企分开，地方政府利益逐渐独立，企业自主权也得到逐步落实，这时的竞争是地方政府竞争为主，而企业主体隐藏在后（如许多私有企业往往戴着"红帽子"隐身在政府之后），地方政府之间的竞争还分别经历了从自然资源为主到以人才、资本、技术、市场资源竞争为主的转变过程。

第三阶段是90年代中期后以分税制为标志的分权改革。地方政府获得了真正意义上的利益自主，中央政府不再是所有资源甚至是某些主要资源的控制者，它对区域经济直接调控的力量越来越弱，地方经济的发展越来越依赖地方政府推动的资本、技术、劳动力等要素的作用，学术界将这种竞争关系描述为"地方公司主义"或"经济联邦主义"。这时一方面地方政府之间的竞争演变为主体之间的"利益之争"，另一方面企业逐渐转变为真正的市场主体，它们跨地域地进行产业布局和组织调整，在与地方政府作用相互重叠的地区开始形成产业集群。

第四阶段是2001年中国加入WTO之后以区域企业集群为主的竞争阶段。中国区域间竞争优势和竞争基点正在发生着新变化，区域竞争优势的核心是集聚优势，企业的布局战略要向本行业的集聚中心调整，政府参与区域间的竞争体现在如何迅速创立地区的集聚优势，珠江三角洲和长江三角洲是中国走向区域竞争的两大代表。在以区域为主的竞争中，与国际上跨国公司为主导的竞争不同，企业的优势借助于其所处的产业区位，而地方政府反倒隐身在产业集群背后做些基础设施建设方面的辅助工作，但它的产业政策还是具有实质性的影响的。然而，我们的竞争以地方产业群为主，对外开放也是以地域开放为主的核桃型结构为特色。

　　在这一进程中，由于我国的经济体制改革是以分权为核心内容展开的，这就决定了大部分情况下，中央政府是通过地方政府而不是直接通过企业来实现资源重新配置的目的。这样一来，当中央政府通过地方政府向企业转移资源配置权时，由于地方政府具有自身的经济利益，在经济资源配置权转让过程中存在着分别与中央政府和企业进行讨价还价的内在经济激励：尽量能从中央政府那里转移获得最大化的资源配置权；同时，尽可能在向企业转移资源配置权过程中获得自身的最大化利益。由此导致不同辖区中，企业与中央政府和地方政府之间经济资源配置关系的不同。当地方政府成为市场化转型的主导力量时，地方政府、中央政府、企业之间基于经济利益关系和资源配置权调整的讨价还价机制便会产生。在这种地方政府主导的中间突破渗透型经济转型过程中，地方政府的行为目标与方式、经济利益、信息能力和效率以及地方政府之间的竞争，都会对企业之间的经济联系与市场交易关系产生影响。可见，地方政府主导型经济既成为地方经济增长的决定力量，又成为地方经济差距程度的决定力量。因此，市场上每个中国企业的背后，几乎都有地方政府的影子。

（二）苏南地方政府影响民营企业竞争优势要素形成的具体行为

　　苏南民营企业的发展依据对乡镇企业的改制为界限划分为：传

统苏南模式与新苏南模式。两种模式体现为地方政府对民营企业的干预由直接方式向间接方式的过渡。本章从对苏南民营企业竞争优势形成要素的微观层面入手，把政府行为当成企业环境中的变量因素，具体归纳出政府行为中对苏南民营企业竞争优势形成影响的变量因素：

1. 地方政府的直接行为。在传统苏南模式中乡镇企业异军突起，担任了主力军的角色，使苏南发生了翻天覆地的变化。1983 年的中央 1 号文件和 1984 年的中央 1 号、4 号文件，均提出要大规模发展农村商品经济。于是，苏南乡镇企业由萌芽到茁壮上演了异军突起。1978～1986 年，苏锡常三市乡镇工业总产值由 25.93 亿元增长为 270.26 亿元，增长了 9.42 倍，年递增率达 34%。其中苏州、无锡、常州三市分别递增 35%、33%、31%。这一时期的苏南发展经验被誉为"苏南模式"，即以大中城市为依托，利用市场和市场机制，与承包经营的农业所有制结构相适应，兴办集体经济为主体的乡镇企业，以农村工业化推动农村经济的分工、分业和产业结构调整，多行业的内向组合与多渠道的外向开发相结合，促进农村全面繁荣和农民共同富裕的农村经济发展模式（顾松年等，1990）。

在劳动力、土地等要素上，通过行政调拨方式配置于工业企业中。由于计划经济体制大量过剩农业人口滞留在土地上，非农就业无疑增加这些隐性失业或半失业人口的劳动边际收入。此时，地方政府安排劳动力向新产业转移实现了愿望与机会结合而突显行政配置资源的效率。由于安排农业人口在乡镇企业就业实现的非农配置效率，乡镇企业创办过程中，基本上是需要多少劳动力、需要多少干部、多少管理人员，均由行政机构决定。作为集体所有的土地资源，最初是免费供给乡镇企业使用，直到 20 世纪 80 年代后期，乡镇企业开始有偿使用土地，但价格低廉，基本上由政府内部决定。

地方政府的直接行为推动了企业的发展，通过直接提供企业经营中所需要素形成了企业的竞争优势，完成了苏南民营企业成长的初始条件。

本书对地方政府的直接行为包括苏南模式的两个阶段，考虑到连续性，只把政府对人员的配置、资金配置、项目配置当成直接行为内容，而政府通常所用的财政拨款或补贴都放在开发区政策或者是产业技术政策中体现。

2. 开发区政策。20 世纪 90 年代中期开始，苏南地方政府发动并主导了乡镇企业的改制。企业体制由集体所有制向股份制、民营化转变。政府产权从企业退出，明晰经营主体产权，乡镇企业不再是乡镇的企业而变成标准化企业。政企、政资分开，政府不再直接参与和干预企业生产经营活动，转为为企业提供服务，为吸引各类投资创造良好的公共环境。

此时，苏南地方政府先后开始了园区建设和招商引资工作，具体方向利用当时全国经济重心由珠三角转向长三角、跨国公司在全球低成本扩张和全球制造业加速梯度转移的历史机遇，依托乡镇企业崛起时累积的巨大生产能力、市场网络和人力资源，以大规模引进外资为特征的城市工业化建设。

首先，地方政府提供完善的基础设施，不仅包括区内的基础设施建设，还包括其周边配套的基础设施。其次，重视招商引资的软环境建设。一是提供优惠政策，如税收、土地使用费的优惠、免费的进出口服务、给予风险投资基金和人力资源支持以及各种咨询服务；二是在各类开发区开展"一站式"服务，为各类投资者提供快捷高效的服务。此时企业的空间布局也发生了变化，企业向工业园区集中，各类生产要素向中心城镇积聚。各类乡镇工业小区的快速发展，使得分散于各乡村的工业企业逐渐向乡镇工业园区积聚。在城市，外资企业特别是外资工业企业，基本上积聚于工业园区、高新技术开发区等经济开发区。

开发区政策是地方政府对土地政策、经济规划政策、财税政策等多种地方政府政策工具集中实施的体现，开发区也成为地方政府在新一轮经济发展中苏南民营企业竞争优势形成的平台。

3. 产业技术政策。产业政策是产业结构合理化的政策。地方政府产业政策的作用体现为：在比较优势理论和需求收入弹性理论指导下，依据国际国内经济发展趋势、本地区经济发展目标和现状以及对未来市场的判断，制定产业发展规划，针对不同的产业制定不同的政策待遇，以起到鼓励、促进、引导以及限制等，从而形成合理的地区产业组织结构和产业技术结构。具体做法：一是参考其他地方产业结构变化的先例或规律，从而比较准确地选择产业政策的重点，对重点发展的产业领域详细而又针对性地规划安排，并抑制缺乏发展前景的夕阳产业。二是对刚刚起步的新兴产业，提供创业补贴和保护性税收及外销退税政策，促其成长，以承受初创阶段的市场竞争力。三是对于区域主导产业，及时通过政府主导促其以兼并、联营等方式上规模、上档次，扩大市场占有份额，以抗击大的市场风险。四是在支持发展产业链，形成产业集群，在布局上向现代化的工业园区集中。

地方政府的产业、技术政策对苏南民营企业竞争优势要素的形成具有决定性作用，如果说开发区是地方政府政策的集中体现，那么地方政府对当地经济的调整政策正是通过产业、技术政策实现。虽然开发区是苏南经济的主要特点，但开发区并不是苏南经济发展的全部，因此，产业、技术政策正是弥补开发区之外但对当地经济具有强指导作用的政策。

4. 城市化政策。随着农业生产效率的提高和非农产业的兴起，为小城镇的发展提供了现实可能性；而各种政策体制对农民的导向和制约，则直接推动了苏南小城镇的发展。这种分散型的城市化道路得到了地方基层政府的响应和推动，在苏南地区掀起了一股"造城热"和"小城镇热"。至"九五"末期，苏南城市发展大致分为三个阶段：

第一，小城镇建设阶段。苏南的小城镇有历史基础，20 世纪 80 年代的小城镇建设改善了企业和农村居民的生存环境，使农村面貌大大改观。但小城镇不可避免地存在基础设施落后、规模效益和聚集效应差、土地浪费、三产不发达及企业办社会等弊端。尤其在没有制度变革的情况下，小城镇建设又一次复制了二元体制，成为制止农民进城的权宜之策。

第二，中小城市建设阶段。进入 20 世纪 90 年代以后，由于开发区和房地产业的发展，以县治所在镇为基础的中小城市迅速崛起，使苏南"县县有城，城城无市"的城市空壳化问题有所好转。但由于乡镇企业布局过于分散，村镇建设难以集中紧凑，使城市化过早走向分散化的道路。

第三，大城市和特大城市建设阶段。20 世纪 90 年代后期，伴随着国家级高新技术开发区和工业园区的建设，苏锡常三市的城市规模日益扩大，开发区建设使城市地域经济得到了快速发展，外向型经济成为城镇化的新动力。城镇化由自下而上的"苏南城镇化模式"转变为外资推动型等多元模式。但到 90 年代末，苏锡常地区真正的城市建成区并没有多大增长，城市功能并无实质性的提高，未能避免我国城市化的"粗放性"现象，城市离现代化的标准还有相当差距。

工业小区是苏南城市化的重要载体。乡镇工业小区的发展带动了农村人口的城镇化和小城镇的建设，由于小城镇区位、交通、基础设施较好，乡镇企业的集聚度提高，对农村剩余劳动力的吸纳能力增强，促使农民"离土"，又由于乡镇企业与小城镇的空间结合，使农民"离乡"脱离了土地的农民进城购房居住，享受城镇公共设施，从而推动了农村人口城镇化和小城镇建设，而小城镇建设为乡村劳动力空间转移创造了条件，反过来又推动了乡镇企业的进一步发展，同时，随着小城镇各项建设的完善和小城镇规模的扩大，也吸引了大量非乡镇企业职工进城，从事商饮服务等第三产业，又进一步推动了小城镇建设，从而形成人口城市化的良性循环。

地方政府城市化政策对于苏南民营企业的竞争优势影响，既提供企业竞争优势要素的构成，同时，又使企业竞争优势要素形成内部整合与转换，变成企业的能力完成企业竞争优势的形成。

二、苏南民营企业竞争优势的资源构成要素

苏南民营企业竞争优势来源于企业对资源的利用，企业资源利用的过程中内生出能力。因此，企业的竞争优势来源于资源与能力。本书从竞争优势要素范围角度归纳苏南民营企业竞争优势的构成要素，而不作要素性质上的区分，即能力是扩展的资源。

（一）资源类要素

对于企业资源的具体要素分类，中外学者已根据各自不同的分类标准加以描述，具体参见表 2.1。

表 2.1　　　　　　　　　　企业资源要素分类

学者	资源分类
沃纳菲尔特（1984）、巴尼（1991）、曼索尔（1998）	物力资源（厂房、设备等）、人力资源（员工、团队、教育培训、工作经验等）、组织资源（品牌商誉、组织文化等）
格兰特（1991）	物力资源、人力资源、组织资源、财务资源、声誉资源、技术资源
米勒和沙姆希（1996）、Das & Teng（2000）	权利资源（财务资本、物力资源和人力资源等）、知识资源（组织资源、技术资源）
罗伯特·格兰特（2004）	有形资源（金融资产、物质资产）、无形资源（技术、商誉文化）、人力资源
金锴（2003）	人力资源、技术资源、资金资源、组织资源、社会关系资源

续表

学者	资源分类
王庆喜（2004）	财务资源、人力资源、声誉资源、关系资源
胡大力（2005）	有形资源（财务资源、物化资源）、无形资源（市场商誉、知识产权、人力资源、组织资源、基础结构资源）
王核成（2005）	基础资源（财力资源、物力资源、技术资源、市场资源）、人力资源、知识和信息资源、企业文化

资料来源：范钧：《区域软环境与中小企业竞争优势研究：以浙江制造业为例》，浙江大学博士论文，2007 年。

　　如何划分资源种类无疑与具体研究的目的相联系，本研究侧重于从企业竞争优势要素的获得与保持角度来分类资源的具体内容。企业竞争优势的资源特征，巴尼（1991）认为能产生竞争优势的资源都是战略性资源；彼得斯（1993）认为只有满足异质性、事后竞争限制、不完全流动性和事前竞争限制四大特征的资源才能产生竞争优势。为了使战略资源具体化，王迎军（1998）认为信誉资源、技术资源、信息资源、关系资源和人力资源才是企业战略性资源；哈蒂斯和朗厄拉克（Hartigh & Langerak，2001）将企业资源进一步分为关键和非关键资源；刘洪伟、和金生和孙冠南（2005）认为唯有以最佳实践形式出现的技能才是难以模仿、不可移动和不可交易的独特资源。王核成（2005）按照形态将资源细分为四个层次，从低至高依次为基础资源、人力资源、知识和信息资源、企业文化。

　　通过文献的回顾与学习，构成企业竞争优势的资源要具备异质性及不易流动性，同时，对于研究而言指标还需要尽量能够具体表达而不是提供抽象的概括或形象的描述；指标能够被清晰界定，不能模棱两可、含糊不清。企业资源与能力的区别外在的显现指标是企业竞争优势的差异，因此，本研究从企业竞争优势的外显形态入手，挖掘企业内在的资源、能力及利用环境形成共享性的资源的特征，根据这些特征锁定描述变量的选项。在这样的研究指导思想下，对苏南民营企业竞争优势来源的要素划分考虑如下：

1. 生产设备资源。无论对于苏南民营企业起点的乡镇企业，还是现今苏南地区市场化演进中新生民营企业，其形态基本上在中小规模范围内。而我国中小企业在目前的金融体制环境下，很少能够向国家银行贷到款，中小民营企业都是在自我积累或者是外在资本提供的基础上建立与发展的。苏南民营企业作为企业存在首先表现为具体的物质形态，物力资源是否具备及物力资源是否能够不断升级成为苏南民营企业竞争优势获得及保持的根本。物力资源对于苏南民营企业具有非常强的现实价值：第一，物力资源变相地代表着财务资源，有形物质可以折合成财务资源；第二，关键性物力资源的获得决定了民营企业是否能够生存，当然也决定了民营企业是否能够发展而具有竞争优势；第三，物力资源显现着地方政府对民营企业产业方向引导、地方政府产业结构调整政策；第四，物力资源的先进程度代表企业的科技水平及创新能力，体现出民营企业发展后劲及独立成长能力。物力资源列入苏南民营企业竞争优势的资源类要素符合理论分析并契合苏南地区经济现状。

物力资源有厂房、原料、机器设备等多种形态，对苏南民营企业具有实际意义的是生产设备资源。厂房、车间是附着在土地资源基础上的固定资产，而苏南民营企业由乡镇企业发展到民营企业的过程表现为：政府直接投入、享受优惠政策入驻开发区、自筹或者外来投资创立企业。也就是说，厂房、车间等固定资产对苏南民营企业来说是必要条件，我们研究的前提是已经成为民营企业而不是判断其能否成为民营企业。生产设备资源决定了苏南民营企业的实力及进一步发展的基础。因为，苏南民营企业主要是生产型企业，生产设备对于生产型企业来说就是生命线，具有决定性意义。生产设备的先进程度可以更好地承接政府提供的优惠政策及低成本地获得生产要素；确立不可模仿和难以替代的技术优势，生产设备也是地域企业能否相互关联的物质载体并且在产品市场上的竞争中因独特性和价值性赢得超额利润并确立持续竞争优势。

2. 人力资源。"人力资源"一词最早由当代著名管理学家彼得·德鲁克于1954年在其《管理的实践》一书中提出。企业人力资源主要包括企业员工的知识技能和整体素质等，作为企业的战略性资源，人力资源是能力和知识的有效载体。普拉哈拉德和哈默尔（Prahalad & Hamel，1990）特别强调了人力资源在企业竞争优势形成中的重要载体作用，他们认为作为企业人力资源的关键员工是企业核心能力的"携带者"。伯克萨尔（Boxall，1996）提出人力资源优势概念，并认为人力资源优势由人力资本优势和人力整合过程优势组成，而这两种优势的结合具有价值性、稀缺性、不可模仿性和不可替代性等特征，从而成为企业持续竞争优势的源泉。拉多和威尔逊（Lado & Wilson，1997）强调了人力资源系统在增强组织竞争力方面具有独特、因果关系模糊、协同及不可模仿等性质。在实践中，苏南民营企业对人力资源的需求有着多种层面，既需要高层次的管理人员，也需要一定的专业技术人员，同时还需要一批熟练工人（员工）。苏南民营企业人力资源特性表现为可获得性上，因为，苏南民营企业发展依托于农业的工业化过程及农村的城市化过程，企业的人力资源表现为非农人口的供应。苏南民营企业人力资源优势的获得，内部体现为企业对人力资源的整合与利用；外部表现出具有人力资本属性的人力资源在企业之间的流动性。对苏南民营企业而言，人力资源既是战略性资源又是稀缺性资源。

3. 关系资源。关系资源是企业在经营活动和竞争过程中，与所处的各种内外部环境之间，所发生或形成的各种关系，如企业与政府、企业与社会、企业之间和企业内部等关系。关系资源是学者公认的战略性资源，在巴尼（1991）、马斯克林等（Mascarenhas et al.，1998）关于组织资源和企业外部关系的理论和实证研究，科尔曼（1988）、布尔迪厄（1989）、戈歇尔（1998）等学者关于社会网络和社会资本的理论研究，以及加里洛（Jarillo，1988）、帕克

（Parkhe，1991）、古拉蒂（Gulati，1998）、罗利（Rowley、1999）、贝伦斯和克拉克哈特（Behrens & Krackhardt，2000）等学者关于企业网络、战略网络和战略联盟理论研究中，均强调了关系资源的"不完全模仿性"和"不可替代性"特征，及其对企业竞争优势和战略管理的重要价值。其中古拉蒂（1999）认为通过企业网络获得的关系资源具有特质和路径依赖性，因而其竞争者很难模仿或维持；罗利等（Rowley et al.，2000）认为通过战略联盟使企业实现了关系资源的跨产业不对称获得，并因此而促进企业竞争优势的获取和保持。

对苏南民营企业而言，关系资源还会体现在企业的社会形象、企业与供应商和经销商的信任合作关系、企业获得的政府和其他公共组织的支持等方面。苏南民营企业起源于乡镇企业，政府关系是企业获取关系资源和竞争优势的有效手段之一。即便是政府退出企业，但企业初始条件中的企业主及高层管理者本身就是当地政府领导，企业与政府之间可以明晰产权关系，但无法明晰人际之间、地缘之间甚至是血缘之间的关系。由于政府提供区域发展的经济环境，促使企业集聚而创建集群内的关系资源，使集群内企业获得了大量共享性资源，并由此获取竞争优势。因此，关系资源是苏南民营企业竞争优势的来源之一。

（二）能力类要素

企业能力往往是一个综合的体系，包括众多层次、众多种类的构成要素，它可以是企业独特的研发能力或营销能力，也可以是企业高层管理者过人的洞察力，也可以是企业中基层管理者拥有的强大执行力。亨德森（Henderson，1994）认为，企业能力系统包括两个方面的能力：组件能力和架构能力。基埃萨和曼基尼（Chiesa & Manzini，1997）提出企业能力的三个层次：第一个层次是系统观察的能力（system view capability），它是企业设想竞争环境的特征、边界和参与者的变化，并且提出和发展适应企业预期的管理目标。第二个层次是独特能力，代表可重复的活动模式，它允许协调一致、整合地部署企业知识和资源来完成特定的目标。独特能力的实际结果是组织惯例，组织惯例涉及各种经营和管理流程。第三个层次是具体化独特能力到核心产品的表现，核心产品包括：核心部件、核心产品、核心生产流程和核心服务，这些核心产出是独一无二和不可模仿的，它们使企业与竞争对手区分开，是潜在利润的一个来源，并且可以跨越不同的最终产品使用。王核成（2005）采用系统的观点把企业的能力体系划分成三个层次：主导能力、战略管理能力和基于价值链的能力。主导能力包括企业家能力、学习能力和创新能力，是企业能力产生和发展的推进剂；战略能力在企业的发展过程中，具有规划性和指引性的作用，对企业其他能力的培育、开发和利用提供方向；价值链能力指的是企业运营过程中所需的基本能力和保障能力，包括：技术能力、生产能力、营销能力、人力资源管理能力、财务管理能力等。表 2.2 是对企业能力的归纳。

表 2.2　　　　　　　　　　　能力分类归纳

学者	能力分类
巴顿（1992）	员工知识技能、技术能力、管理能力、价值观和行为规范
霍尔（1993）	基于规制的能力、基于地位的能力、基于职能的能力、基于文化的能力
梅尔、厄特贝克（1993）	用户洞察力、产品技术能力、制造工艺能力、组织能力
亨德森、科伯恩（1994）	局部能力、构建能力
曼索尔（1998）	职能能力（营销能力、制造能力、人力资源管理能力和后勤管理能力等）、竞争能力（技术、诀窍等）、核心能力（整合能力中独特而难以被模仿的能力）
戴斯和拉普金（2004）、罗伯特·格兰特（2004）	组织能力（客户服务能力、产品开发能力、产品服务创新能力、生产能力、人力资源管理能力）

续表

学者	能力分类
王迎军（1998）	战略能力、生产能力、市场能力、技术能力、营运能力、财务能力、市场竞争力、可持续发展能力
金镭（2003）	创新能力、环境适应能力、组织协调能力、市场营销能力、资本运作能力等
过聚荣（2003）	发展能力、创新能力、资源整合能力、市场开拓能力
徐希燕（2003）	领导力、创新力、文化力、营销力、生产力、品牌力等
杜慕群（2004）	市场能力（环境整合、市场营销）、技术能力（R&D，技术整合、信息整合、技术应用、技术延展）、管理能力（战略管理、组织管理、人力资源管理、财务管理、企业文化）
王庆喜（2004）	制造能力、技术创新能力、管理组织能力、营销能力和企业家能力
刘洪伟、和金生和孙冠南（2005）	整合能力、经营能力
王核成（2005）	主导能力（企业家能力、学习能力、创新能力）、战略管理能力、基于价值链的能力（技术能力、生产能力、营销能力、人力资源管理能力、财务管理能力、界面管理能力）

资料来源：范钧：《区域软环境与中小企业竞争优势研究：以浙江制造业为例》，浙江大学博士论文，2007年。

能力是企业获得竞争优势，同时不断保持竞争优势使企业能够持续成长的原因。因此各具体能力类要素均具有一定的独特性和异质性，并对企业竞争优势产生影响和作用。不同层次的能力与企业竞争优势的关联，主要在于由此产生的竞争优势是否可持续。苏南民营企业的成长过程是在地方政府提供经济规划、提供产业政策优惠指导，并在政府平台的开发区上发展，直接获得政府准公共产品等具体生产要素，企业的战略能力、洞察客户的能力甚至包括企业创新能力对企业的成长不构成关键影响；企业家更需要配合政府的行为，在企业内部落实政府规划就可以在当地成为经营出色的企业，而当地企业在政府政策环境下会形成政策效应聚集，聚集中产生共享的关系资源成为聚集时间、聚集方式的函数。苏南民营企业的职能能力或价值链能力对其竞争优势的影响更为直接和显著，因此，本研究并不过多考虑能力的层次问题。具体来看，苏南民营企业的从业形态基本集中在制造业的产业链中，因此，企业的生产制造能力是最基本与关键所在；与生产制造能力紧密相关的是组织管理能力；苏南民营企业由社办乡镇企业向现代企业转制的同时，企业生存由生产制造向市场拓展，由追求生产能力到追求市场认可的生产能力转变即是外在环境的压力也是企业成长的内生要求，因而营销能力成为苏南民营企业的又一职能能力的体现；同时，考虑苏南民营企业在地方政府指导下由"扎堆"到技术提升最后形成企业集聚，产生产业优势，企业家与外在环境互动成为企业自诞生、发展、成长、壮大等每一步成长的关键，也是评价企业是否具有动态能力与环境相适应的要求。因此，企业家能力成为苏南民营企业持续成长的最重要能力。

至此，苏南民营企业竞争优势能力类要素被具体化为：生产制造能力、组织管理能力、营销能力和企业家能力四大类。这四大能力类要素与上述三大资源类要素相互作用，共同构成了苏南民营企业的竞争优势要素体系。

1. 生产制造能力。生产制造能力无疑是制造企业极其重要的能力类要素之一。苏南作为世界制造业的转移基地，无论是自源性培育制造能力还是承接世界制造能力转移，苏南民营企业无疑承载了制造业的制造能力平台。苏南民营企业的竞争优势必然依赖于其产品的市场竞争力，如产品质量、生产成本、供货能力等，而这一切均与生产制造能力密切相关。在现实中，苏南民营企业初始发展阶段，就是利用其生产能力上的优势，通过承接大型企业的生产订单而获得生存和发展的。初始条件及发展模式决定了生产制造能力的培育及提升形成了苏南民营企业的发展路径。希特和爱尔兰（Hitt & Ireland，1985）、梅尔和厄特贝克（Meryer & Utterback，1993）、华德等（Ward et al.，1996）、施罗德（Schroeder）、贝茨和朱特拉（Bates & Junttila，2002）、王庆喜（2004）针对生产能力与企业绩效或竞争优势进行了相关研究。其中希特和爱尔兰（1985）在研究企业独特能力、战略与绩效之间的关系时，就将生产制造能力列为企业独特能力之一。华德等（1996）在研究生产战略、经营战略和环境之间的结构与关联机制时，将生产制造能力概括为生产成本、产品质量、交货能力和生产弹性。施罗德等（2002）也针对企业生产资源、能力与企业竞争优势之间的关联机制进行了实证研究。魏大鹏（2001）在分析美国和日本制造业的基础上，强调了生产制造系统和生产现场作业技能对企业竞争优势的重要性。王庆喜（2004）甚至将制造能力列为浙江民营制造业企业的主导能力之一。

2. 组织管理能力。组织管理能力对于大企业或者成熟企业而言是必须具备的条件，不用当成独特能力对待。但是，对于苏南民营企业由社办乡镇企业起步的基础而言，组织管理能力成为企业生存发展的关键。在企业成立之初，简单、集权、灵活的管理方式使苏南民营企业能够及时抓住发展机遇并应对市场变化；但当企业发展到一定规模和阶段之后，原有的管理方式无法与外界市场的要求相适应，企业内部的人治不再是竞争优势而成为企业发展的障碍，企业必须以健全的管理体制、完善的组织内部沟通协调能力和良好的企业文化等管理能力来取代简单粗放的经营模式。事实上很多苏南民营企业未能实现这一转化，虽然企业的形式转变为股份制的现代企业制度，但管理方式上还是简单作坊式的手工管理，由此对企业生产能力、营销能力及人力资源等资源配置和利用能力产生制约，并最终影响企业竞争优势。因此，组织管理能力是苏南民营企业的一种重要的能力类要素。

3. 营销能力。相对于发达国家和地区的企业以及国有大中型骨干企业而言，民营企业获得技术和产品上的优势比较困难，市场营销能力的不断强化是民营企业制胜的法宝。曹士云、姚茂群（1999）调查了 128 个浙江私营企业法人代表，发现 45.31% 的私营企业主将其主要时间和精力投入到营销活动，更多地面向市场。

希特和爱尔兰（1985）、胡利等（Hooley et al.，1999）、韩顺平和王永贵（2006）等中外学者还就营销能力与企业绩效或企业竞争优势之间的关系进行了深入研究，并分析营销能力的具体构成。其中希特和爱尔兰（1985）主要从定价策略、促销手段等具体营销策略来论述营销能力的构成。胡利等（1999）则从市场相关资源角度来论述，如营销资产、顾客资产、内部资源和供应链资产等。韩顺平和王永贵（2006）认为营销能力具体包括市场研究、管理营销渠道和顾客关系、识别并对竞争对手行动做出快速反应、顾客知识与顾客获取能力等。对民营企业而言，营销能力在企业所有具体能力要素中处于较强的地位。营销能力的不断强化，拓展了企业的产品市场，并由此带动了企业的管理和技术水平的提高，从而促进了企业竞争优势的提高。

4. 企业家能力。国外学者早在 18 世纪就开始了对企业家和企业家能力的研究，如萨伊（Say）、奈特（Knight）、熊彼特（Schumpeter）等。随着研究的深入，企业家能力对企业成长和企业竞争优势的重要作用越来越引起中外学术界的重视。钱德勒和汉克斯（Chandler & Hanks，1994）认为：企业家能力主要包括应对市场、把握机会，以及管理协调内部组织活动等能力。李和曾（Lee & Tsang，2001）就企业家个人特征对初创企业成长的重要影响进行了实证研究。Man，Lau & Chan（2002）从企业能力视角出发，提出了一个基于中小企业的企业家能力与企业绩效间的概念模型，并将企业家能力概括为机会相关能力、关系相关能力、概念相关能力、组织相关能力、战略相关能力和承诺相关能力六个维度。苗青和王重鸣（2002）提出了企业家能力的三大主干内容和四种必备结构。李志、朗福臣和张光富（2003）通过对国内 47 篇相关论文进行统计分析的基础上，将企业家能力定义为：企业家在企业经营活动中表现出来的稳定的心理特征，是胜任领导企业这一任务的主观条件，并将企业家能力概括为决策管理能力、组织指挥能力、沟通协调能力、人事管理能力、创新能力、专业技术能力和基本能力。贺小刚和李新春（2005）则认为企业家能力由战略能力、组织能力、政府关系能力和社会关系能力四个维度构成。胡大力（2005）将企业家能力界定为一种识别、发展、完善企业现有资产束或新资产构成的整合能力，并将企业家能力分解为创造能力、信用能力、冒险精神、辨别机会能力和企业专家知识结构五个组成部分。

　　苏南民营企业起步得益于从政府手中获得生产要素，苏南民营企业要保持竞争优势持续成长更需要企业家随时能够使自己的企业与外在的环境保持适应和协调。企业家与环境保持适应与协调的企业家能力表现在：对内是组织指挥能力、沟通协调能力、人事管理能力；对外是政府关系能力、社会关系能力、决策管理能力、战略能力。

　　笔者从技术工作转到从事营销工作 10 余年，对江苏、浙江一带企业比较熟悉，企业家（或者叫老板）在企业发展的各个阶段都起到了关键作用，可以说企业发展命系企业家一身，企业家的胆识、魄力、思想、胸襟、关系、转变、适应、机遇把握、抵御挫折和风险等无不关系企业发展命运，可以说，在中国改革开放、制度转型和变迁历程中，民营企业的发展就是民营企业家的发展，没有如此众多的民营企业家，就没有江苏、浙江一带的众多民营企业，就没有江苏、浙江地区的民营经济繁荣，也就没有苏南模式和温州模式的历史性贡献、新苏南模式的演化进步和现在的转型升级。

第三章

地方政府对苏南民营企业
竞争优势要素的作用
模型及研究假设

本章主要提出了地方政府对苏南民营企业竞争优势要素的作用模型及研究假设；设计了调查问卷，明确了问卷的内容及结构；对苏南民营企业竞争优势要素和地方政府行为各变量进行了测量；经过问卷调查，获取了样本数据，并对样本数据进行了统计描述和数据质量评估，为第四章的研究奠定了基础。

一、地方政府对苏南民营企业竞争优势
要素作用路径及模型

企业资源与能力之间存在互动作用和相关性，企业外部环境与企业资源、能力之间也存在双向互动关系（见图3.1）。一方面，企业资源和能力只有与环境相联系才能形成企业现实的竞争优势。企业资源和能力的数量、质量和价值及其转化过程均深受外部环境因素的影响和制约，企业资源和能力在真空是无价值的，仅当企业抓住环境机会和抵御环境威胁时，才显示其价值（巴尼，1995）。以企业资源为例，外部环境决定了资源的可获得性，企业资源的积累很大程度上依赖于企业外部的一系列利益相关者，如政府、供应商、资本市场、技术市场等，各利益相关者的战略及其变化，以及

企业与各利益相关者之间的关系，对企业资源的数量和质量产生直接影响。而环境的需求又往往决定了企业的资源选择，以市场需要和政府相关政策为核心的环境机会引导着企业业务领域和发展方向的选择，进而引导企业对相关资源的选择；而诸如顾客偏好、产业结构、技术和政府政策等环境因素的变化，也会直接导致企业资源和能力的价值变化。另一方面，随着企业生存越来越受到环境急剧变化的挑战，企业必须主动适时地调整其资源积累战略和资源、能力的转化方式和转化目标，以保证企业资源、能力对动态环境的适应性。只有将内部资源、能力与环境机会、威胁分析有机动态地结合起来，并通过各种战略决策，企业才能确保资源、能力在变化的环境中保值增值。企业动态能力正是企业整合、建立和再配置内外部资源，以适应快速变化环境的能力（蒂斯等，1997）。企业可充分发挥主观能动性，去积极地影响甚至改变企业外部生存环境（田奋飞，2005）。龙正平（2004）还提出了一个由塑造、改变、适应、追随四大战略构成的企业环境战略框架。企业对环境适应能力的差异，也是竞争优势在处于相似环境中的企业间出现巨大差异的主要原因之一。

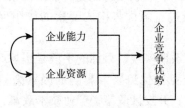

图3.1　企业外部环境

地方政府提供企业发展的外部环境，通过对环境的影响来培育企业发展所需要的要素，企业通过企业要素的内部集聚、整合、提升来形成企业的竞争优势。

外部环境对企业竞争优势的影响是"双刃剑"，因为环境是动态不确定的，在简单稳定的环境中，不确定性很低，仅仅需要应付很少的外部因素并且趋于保持稳定；复杂稳定的环境反映出某种程度的更加不稳定性，大量的因素必须审视、分析，并且为保持组织的良好运行而采取行动，在这个环境中外部因素不能迅速变化或不能预期；在简单动态的环境中，甚至存在更大的不确定性，环境的迅速变化给管理者带来了不确定性，即使组织只有少数外部因素，这些因素也很难预测并且对组织的创业行动产生不可预期的反应；组织最大的不确定性是在动态复杂的环境中，大量的因素影响着组织并且频繁变化或强烈作用于组织的初创行为，当几个因素同时变化时，环境就会变得更加混乱。

地方政府影响环境的最终目标是增加企业发展环境的确定性，虽然这种确定性存在静态与动态的区别，但是环境确定（或相对确定）对于苏南企业的发展与转制后的发展都非常关键。地方政府在苏南模式的两个阶段所采取的手段虽然有所差别，但最终结果还是提供在相对范围内实现企业发展环境的稳定性。以上资料的整理及分析可以看出，地方政府对企业竞争优势的影响通过直接手段向间接手段转变，由直接干预企业到利用传导机制作用于企业发展。企业从外部环境中利用、吸收政府提供的辅助因素内化为企业竞争优势的构成要素，通过竞争优势构成要素的作用促使企业实现竞争优势。

因此，从地方政府实现其目标的手段是提炼政府行为：地方政府对苏南民营企业竞争优势要素影响的因素为直接行为与间接行为，间接行为包括：开发区政策；产业技术政策；城市化政策。本书构建的地方政府行为对苏南民营企业竞争优势作用机制的理论模型见图3.2，对此，提出了相应的研究假设。

地方政府行为对苏南民营企业竞争优势作用机制的具体研究假设表述如下：

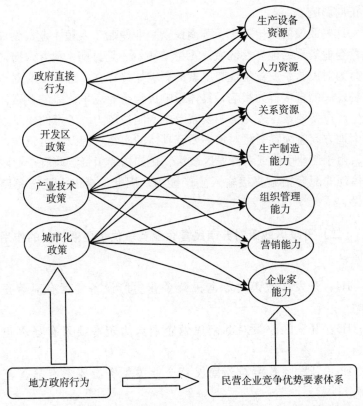

图 3.2 地方政府行为对苏南民营企业竞争优势作用机制的理论模型

（一）地方政府直接行为对苏南民营企业竞争优势要素机制的作用路径假设

H1：地方政府直接行为对苏南民营企业生产设备资源要素有显著正向影响。

H2：地方政府直接行为对苏南民营企业人力资源要素有显著正向影响。

H3：地方政府直接行为对苏南民营企业生产制造能力要素有显

著正向影响。

这些假设的提出基于：苏南民营企业脱胎于乡镇企业，发展于民营企业集聚的地方性区域，无论是初始还是目前，地方政府的直接行为对民营企业竞争优势要素的影响始终存在。地方政府对当地经济发展的直接行为影响，具体影响民营企业竞争优势的要素体现为生产设备要素、人力资源要素及生产制造能力。考虑的出发点是苏南地方政府配置资源对象主要有具体的实物资源及人力资源，同时，由于产业引导或者开发区政策，比如招商引资、政府产业政策所体现的配套措施直接输入生产能力。因此，提出上述三条路径假设。

（二）开发区政策对苏南民营企业竞争优势要素机制的作用路径假设

H4：开发区政策对苏南民营企业生产设备要素有显著正向影响。

H5：开发区政策对苏南民营企业人力资源要素有显著正向影响。

H6：开发区政策对苏南民营企业关系资源要素有显著正向影响。

H7：开发区政策对苏南民营企业生产制造能力要素有显著正向影响。

H8：开发区政策对苏南民营企业营销能力要素有显著正向影响。

以上路径假设基于：开发区政策是地方政府调控手段不直接针对民营企业的具体生产要素，而是政府配置资产及相关的财税政策所引导的资金。开发区政策也是当地政府配置地区经济共享资源的手段，因此，对于民营企业而言，基于现有实惠及开发区形成的共享资源的无形资源而趋近，通过直接获得要素及共享优势间接获得资源来构成民营企业竞争优势要素。具体，体现为开发区政策对于苏南民营企业的生产设备、人力资源、关系资源具体生产要素有影响；对入驻开发区后共享开发区资源培植民营企业营销能力竞争优势要素。

（三）产业技术政策对苏南民营企业竞争优势要素机制的作用路径假设

H9：产业技术政策对苏南民营企业生产设备资源要素有显著正向影响。

H10：产业技术政策对苏南民营企业关系资源要素有显著正向影响。

H11：产业技术政策对苏南民营企业生产制造能力要素有显著正向影响。

H12：产业技术政策对苏南民营企业组织管理能力要素有显著正向影响。

H13：产业技术政策对苏南民营企业家能力要素有显著正向影响。

以上路径假设基于：产业技术政策也是地方政府调控经济的有效手段，其中既有直接资源配置的财税手段，也有产业调控的指导性原则。基于苏南民营企业由于政府调控经济能力差异表现，不能笼统地认为开发区政策就是苏南地区所有政府能够使用的有效手段，应照顾及考虑没有有效使用开发区政策政府的调控措施。因此，在此政府行为要素对民营企业竞争优势要素影响路径的考虑中，提出产业技术政策对民营企业的直接生产要素生产设备资源要素、关系资源要素有影响假设；对生产制造能力要素、组织管理能力要素及企业家能力要素能力类要素有影响假设。

（四）城市化政策对苏南民营企业竞争优势要素机制的作用路径假设

H14：城市化政策对苏南民营企业的人力资源要素有显著正向影响。

H15：城市化政策对苏南民营企业关系资源要素有显著正向影响。

H16：城市化政策对苏南民营企业的组织管理能力要素有显著正向影响。

H17：城市化政策对苏南民营企业的营销能力要素有显著正向影响。

H18：城市化政策对苏南民营企业的企业家能力要素有显著正向影响。

以上路径假设基于：城市化政策是地方政府职能转化，由指导地区经济行为到提供地区公共产品，而不仅仅是调控手段的变化。地方政府提供的城市化政策，给当地民营企业提供的是资源及共享资源的平台，民营企业对此的利用一方面取决于有什么资源，另一方面也取决于民营企业自身能力的对接性，即企业必须具有一定的成长性，换句话说，已经具有竞争优势的民营企业才可能吸收这些资源要素。因此，在路径假设中提出的路径基本上是民营企业的能力要素。

二、问卷设计过程和基本结构

（一）问卷设计过程

1. 文献检索和归纳整理。文献检索内容主要包括以下两个方面：一是中外学者关于企业竞争优势、地方政府角色行为、转型期地方政府职能、转型期苏南地方政府影响民营企业发展方式等的相关研究和具体测量方法，以理论依据和归纳诸文献作者的经验借鉴，确保问卷的科学性、系统性。二是通过网络搜索（政府统计部门网站、专业网站和企业网站等），以及中国统计年鉴查询、江苏省统计年鉴查询、苏州统计年鉴查询、常州统计年鉴查询、行业咨询报告阅读和相关新闻报道浏览，初步访问一些代表性企业验证笔者的判断，了解苏州、常州两地区企业的整体情况及企业的地区性差异，归纳民营型企业竞争优势的基本现状，两地区企业的表面性差异及根本性差异，以提高问卷的适用性。

通过理论归纳与实证归纳，并结合本书研究目标，形成调查问卷的大纲。

2. 专家、政府官员和企业家咨询。本研究的选题背景为转型经济，转型经济的主要特点是制度转轨过程中地方政府参与并主导了这一变迁过程。专家研究转型经济理论，政府官员主导制度转型过程，企业家是转型经济的具体参与者，与这三者沟通可以增强本研究的立体感，尽量呈现经济转轨过程中各个信息主体的思维角度及问题的关注点，使本研究尽量还原成原生态，各个变量的测量能够在相同标准下，其结论才具科学性与可信服性。本书的目标：先做定性判断，即苏南民营企业的发展与当地政府有很强的相关关系，同样的政策、同样的路径、同样的地域文化两地企业为什么会有竞争优势的差异？本书的基点放在民营企业微观主体，将其竞争优势来源锁定于资源与能力两个方面，资源与能力的形成是与外部环境进行相互交换的结果；地方政府提供了企业发展的外部环境，地方政府对企业竞争优势而言成为间接变量通过影响区域环境而影响企业竞争优势要素。

咨询专家、政府官员、企业家一方面验证学术选题判断的准确性、务实性；另一方面通过实际问询、沟通补充、修正研究者的主观判断，减少研究的盲目性。对专家学者的请教是从能够覆盖本选题的学科角度入手，不求某个领域研究的深度但求选题涉及面的广度，汇集多领域学者知识点来避免请教单一领域专家而使研究角度过度单一，学科领域包括制度经济学、区域经济学、企业管理等。咨询苏州、常州两地政府领导尽量是同一个级别的，我国行政机构还是长官意识，行政级别相同保证他们面对的是同一个层次的问题。同时，还要咨询江苏省政府领导，从高出地市级领导的层面了解江苏省领导对地市经济发展的态度及给予的权限。与企业家进行当面访谈是本书的宗旨及最后的落脚点，了解他们对苏南地区民营企业竞争优势形成及发展的看法，并对问卷大纲提出必要的补充和修改意见。主要找苏州、常州两个地区的企业家，他们经历过苏南企业从创建到创新整个历程，他们见证苏南经济的发展，苏南企业是在历史的路径中变革与延续的，忽略历史是无法真正找到苏南民营企业竞争优势。

通过以上咨询形成问卷初稿。问卷初稿力求面面俱到，以全面体现测量对象的属性和状态便于后续环节的删改。

3. 专家、政府领导和企业家回访。笔者经过咨询、征求各方建议，对问卷初稿进行了多次较大幅度的修改和删减，确定形成用于小样本预调查的问卷内容及问卷结构；本研究所使用的调查问卷最终共有三个部分组成。第一部分为被访者及其所在企业的基本信息；第二部分为被访者对其所在企业竞争优势各来源要素现状的评价；第三部分为被访者对其所在地区政府行为各要素现状的评价。

（二）小样本预调查、验证和最终定稿

本次问卷除采用传统的纸制问卷外，为充分发挥网络作用，使问卷调查相对简单易行，使答卷人能够在无外在因素干扰情况下，独立判断回答，本书特设计了电子版调查问卷。经过与电子问卷设计者的多次沟通和试答，提出诸多电子版问卷所独具的先进特点，

根据问卷要求，在程序内设硬性要求，答卷者通过网上链接或收到的电子邮件登陆问卷调查，填写完成的企业名称后，按程序要求，顺序答卷，漏答或没有按要求回答，程序都会自动提醒答卷者，后按提醒要求继续完成答卷，如果没有完成就离开答卷或中途离开，则系统认为无效，不予回收，只有登陆者全部按要求回答完毕且符合程序设计的答卷，系统才会自动回收到指定的邮箱里，大大提高了电子问卷的有效性。答案的回收设定为标准的 Excel 格式，按规定内容和顺序自动形成带有企业全称的 Excel 问卷，便于统计分析，大大提高了工作效率。

三、变量测量

（一）变量测量方法

根据本研究所提出的地方政府行为对苏南民营企业的影响，环境条件对民营企业竞争优势要素作用机制的理论模型，在实证研究中主要对苏南民营企业环境构成要素、民营企业竞争优势来源要素变量进行测量。

根据前面所提出的理论分析模型，在经验检验中需要解决变量的测量：（1）企业资源与能力的测量；（2）地方政府行为与企业竞争优势的测量。本研究中，变量的测量主要采用自述方式（Self-Report），即被访者主观感知的方法，并以 6 点式李克特（Likert）量表形式，使用程度等级式问句对各变量进行测量。

本研究采用主观感知方法进行变量测量主要基于下述原因。对企业竞争优势的外部环境而言，由于绝大部分要素无法采用定量方法进行客观测量，且本研究强调从企业角度对外部区域环境要素进行评价，采用定量方法不具有可操作性。对企业竞争优势来源要素而言，由于大部分企业战略性资源、能力要素是无形的，因而很难

对其进行直接测量（戈弗雷和赫尔，1995）。事实上这一测量方法
已被诸多中外学者所认同并采用，如施罗德等（2002），邦尼等
（2004），王庆喜（2004），杜慕群（2005），刘善庆、叶小兰和陈
文华（2005），王核成（2005），李存芳、蒋业香和周德群（2006）
等。与此同时，在对企业竞争优势各来源要素进行主观评判时，为
了避免缺少一个可以比较的参照系，笔者在问卷中特别指出被访者
对所在企业的评判应基于国内同类企业的平均水平。

采用李克特量表是因为它具有设计容易、构造简单且易于操
作，同时该量表的应用也比较广泛。常见的李克特量表有 4 点式、
5 点式、6 点式、7 点式和 10 点式等，其中 4 点式和 6 点式是偶数
等级量表，10 点式则是多等级量表的代表。5 点式和 7 点式作为奇
数等级量表，在国内应用最为广泛。就其效果而言，采用 5 点式、
7 点式等奇数等级量表很容易导致被访者产生"趋中反应"，即过
多选择中间状态的选项。这一方面没有真实反映被访者的倾向性，
另一方面可能还包含着"不确定"或"不一定"等意思，从而降
低了被访者对问项的真实态度。4 点式量表由于等级过少，反应态
度倾向性不够细致，因此本研究没有采用；10 点量表虽然能比较精
确反映被访者的态度倾向，但被访者在填写问卷时花费时间过长产
生厌倦情绪反而影响效率（Matell & Jacoby，1972）；且由于国内被
访者很容易把第 6 级作为及格线而导致评分偏高，本研究也没有采
用。6 点式量表由于在正向和负向上各设了三个等级，被访者必须
在正向和负向态度中做出选择，从而有效地避免了"趋中反应"的
产生。同时，参考文献已证明 6 点式李克特量表已被较多国外学者
和研究机构所使用，故本研究采用 6 点式李克特量表。

（二）苏南民营企业竞争优势来源要素的测量

1. 生产设备资源。苏南经济板块是中国制造业中心，承接世界
制造业的转移，因此，苏南民营企业多为制造业所表现的生产型企

业。对于生产型企业来说，其生产的成本、产品质量、送货可靠性和制造弹性必定与其企业内部的生产设备和制造工艺相关。资本雄厚的企业能够购买高端设备，提高产品质量，扩大规模效益，就算其管理略显粗放，仍然能够获得产品上的竞争优势；而资本实力不那么雄厚的企业由于其设备投资不足，因此尽管想在管理上挖掘效益，但由于设备上的硬性制约仍然难以获得竞争优势。国外的研究也有类似发现，如施罗德等（2002）通过对 164 家来自美、英、日、德、意五国在分布于电子、机械和汽车零部件三个行业的制造工厂进行的经验研究发现，制造业企业专有的工艺和设备与制造绩效之间存在很强的正向关系。

生产设备既能反映苏南民营企业的财务资源是否丰富，也能反映企业的技术装备情况。技术装备对于民营企业具有决定性的意义，詹建芬（2002）认为民营企业囿于现实能力封闭于行业地域之内，对科学技术方面的最新动态模糊不清，只能一味跟着市场，引进一些技术、设备和生产线，重"硬件"、轻"软件"，形成了民营企业特有的依赖于特定的技术和产品的发展之路。因此，技术装备水平与民营企业的竞争优势息息相关。詹建芬调查发现，浙江民营企业中购置机器设备已成为大多数企业技术创新的主要载体，有49.24%的企业选择购置机器设备作为换取技术的首选，在50.85%的企业中购置机器设备成为技术创新中经费投入的最大项目，仅有20.2%的企业在新技术新产品上投入最多，市场调研和培训人员的技术创新活动只是极少数企业的选择。周耀烈、张大亮（2001）的研究发现了类似的情况。他们调查了 28 家浙江省制造业企业，结果发现，企业技术装备水平是企业技术创新的物质基础。他们的统计资料表明，在 28 家企业中，使用国际 20 世纪 60 年代及以前技术水平占 4.38%，国际 70 年代技术水平占 19.63%，国际 80 年代技术水平占 38.50%，而国际 90 年代技术水平占 36.63%。据此，二人认为，企业的较高技术装备水平为创新的展开奠定了良好的物质基础。苏南经济与浙江经济有一定的可比性，其企业形态、成长路径都很相似，因此，苏南民营企业可以把生产设备作为企业的竞争优势要素来源。具体测量如表 3.1 所示。

表 3.1　　　　　　　　　　生产设备资源的测量

测量变量	具体问项
生产设备资源	我企业设备的生产效率水平
	我企业设备的技术先进水平
	我企业设备生产的自动化程度
	我企业设备生产的信息化程度
	我企业设备在当地的技术先进程度

2. 人力资源。在人力资源管理研究领域，现有的人力资源管理理论基本上是来自对管理比较规范的大企业的经验研究。对于这些理论在民营企业人力资源管理过程中的适用性，美国学者赫尼曼和坦斯基（2002）进行了研究，他们的结论是：现有的人力资源管理理论很少能适合民营企业。卢瑟福等人（2003）认为，从小企业发展到中等企业过程中的关键的人力资源管理问题包括员工招聘、员工开发与员工保持三个方面。

苏南民营企业的发展，其路径是以社队办的乡镇企业为初始条件，企业形态多为给大企业做配套加工，因此，企业的发展起点、规模、路径与浙江企业可以对比。王庆喜、王新伟、王振洪等对浙江中小企业人力资源的研究，发现浙江民营企业对员工的"人品"、"技术能力"和"工作经验"特别看重。企业人力资源需求中，对学历的要求不高，高中以下学历需求占到 50.00%，高层次的研究生仅有 1.50%。人员需求结构，一线工人的需求量最大，达到 71.46%。孙健敏、穆桂斌对中小企业聚集地区的东莞中小民营企业高层领导、人力资源从业人员和普通员工进行了调查，其调查结论：不同规模的民营企业在员工招聘方式上没有显著差异、不同规模企业在培训制度建立状况上不存在显著差异；民营企业对于绩效考核十分重视，并已作为重要的日常管理工具。在考核结果的运用上，65.5%的企业将考核结果用于发放工资和奖金，用于解决员工晋升的占21.4%，绩效改进的占10.7%，用于培训需求的仅占2.4%。

以上文献学习可以得出：目前民营企业的人力资源获取比培养更重要，人力资源的蓄水池是关键。民营企业的人力资源是企业成长结果的一个反映。创立期，企业的成长更多取决于外部的市场机会、环境提供的条件、合作伙伴及产品、技术的变化趋势，企业不断改变着自己的定位，因此，这个时期的人力资源聚焦于招聘、选拔某方面的专业技术人员，如生产、销售、高级管理人员，为组织的顺利运行和成长构建合理的人力资源队伍。成长期，不同类型员工与组织战略、组织岗位、企业文化的匹配，培养和激发员工的主动性、积极性、创造性，推动组织的成长。在此阶段企业原有核心员工可能遇到管理水平、思想意识等不能跟上企业发展的情况，而面对日益增加的员工，更多意识形态碰撞的局面也在所难免。此时，企业人力资源状况更多地体现为企业的人力资源管理，企业的激励不再是短效性或单纯性的奖金绩效，逐步过渡到薪酬政策制度化、公开化，这一指标放在企业管理能力中测量。

人力资源存量表现三大类：核心员工，包括企业高层管理者和核心技术持有者；骨干员工，包括部分中层管理者和掌握较高技术或技能的人员；一般员工，包括辅助性工作人员、一般岗位人员和刚参加工作的新员工。结合苏南民营企业的实际，员工受教育或受培训程度对中小企业的实际意义并不大，很多被访者认为除了少数高管和技术人员之外，对大部分一线员工的要求主要为是否具备基本的操作能力和工作经验（即熟练工）；中层、骨干员工数量与质量反映了企业的成长状态及竞争优势，间接体现企业管理水平，是问卷的测量项目；高层人才更多地表现为企业主本人或企业所有权集团，是企业家能力的静态指标，是问卷的测量项目，人力资源测量详见表3.2。

表3.2　　　　　　　　　　　　人力资源测量

测量变量	具体问项
人力资源	我企业高层人才充足
	我企业高层人才组织管理能力很强
	我企业中层骨干人才对企业忠诚
	我企业中层骨干业务素质较高
	我企业一线员工的操作能力很强
	我企业一线员工队伍比较稳定
	我企业一线员工队伍对企业有很高的向心力

3. 关系资源。苏南民营企业的主要特点是在政府的指导或引导下发展，由最初的政府直接干预到后来政府创办开发区、提供公共产品等过程。企业发展始终与政府关系紧密，因此，苏南民营企业的关系资源表现为：与政府的关系及由此形成的企业之间关系。

在测量企业与政府部门的关系时，主要考虑了两个方面：一是政府对企业的一般支持，如政策和态度支持，这种支持一般企业都能享受到；二是政府对企业的特别支持，这种支持可以体现在政府对广大企业的实施政策中，也可以是政府对部分或少数、单个企业的不一般的支持。考虑到我国的国情，有些地方政府会对那些纳税大户和有助于提升地方形象和影响的企业给予非同一般的关照。如对一些经营实力强的企业给予贷款优惠和用地优惠甚至是税收优惠等。总的说来，考虑到苏南民营企业的具体情况，政府对企业的支持表现在对企业的态度支持、用地支持、金融支持、税收支持和业务支持等方面，因此本研究就这些内容对企业与政府关系进行了测量。

在测量企业与企业之间的关系：考虑苏南民营企业由在开发区扎堆到自身专业性资产投入形成企业上下游之间的关系，表现为企业之间相互依赖，互相成为原料供应商和经销商，从而成为整个集群产业链上环环相扣的环节。在企业发展中，一般直接依赖的企业集群关系主要有两种：一是与主要供应商之间的关系，即所研究的企业其原材料或中间部件来源于集群中其他企业；二是与经销商之间的关系，即所研究的企业其产品销售主要依赖于集群中其他掌握销售渠道的企业。关系资源测量详见表3.3。

表3.3　　　　　　　　　　　　关系资源测量

测量变量	具体问项
关系资源	当地政府部门对我企业的经营持合作和支持态度
	我企业在经营用地上受到政府的优惠和支持
	我企业在经营贷款上受到政府的优惠和协助
	我企业在税收上受到政府的优惠和支持
	我企业与主要供应商有着长期的合作基础
	在我企业看来，主要供应商值得信赖
	我企业与主要经销商有长期的合作基础

4. 生产制造能力。沃德等（1996）认为，企业生产制造能力（manufacturing capabilities）可以通过四个维度来测量：生产成本、产品质量、交货水平和制造弹性。从企业资源的角度来看，以上测

量只是企业生产制造能力的结果，反映了企业生产制造绩效；而不能直接反映企业生产制造技术的先进程度、企业产品的知识和技能等。对于一个生产型企业来说，其生产的成本、产品质量、送货可靠性和制造弹性必定与其企业内部的生产设备和制造工艺相关，而后者才是真正意义上的制造资源和能力。同时，生产能力也是生产企业工厂管理水平的体现。

王迎军（1998）用效率性、柔性化和质量三大类指标共 16 个问项来测量。其他中外学者有从制造设备的先进性、生产操作能力、与周边企业的协作能力等方面来对生产能力进行测量。因此，本研究基于动态看苏南民营企业生存、成长、竞争优势形成的过程，生产能力更多地体现为满足用户要求，降低自身制造成本，有关生产制造能力的测量本研究确定为表 3.4。

表 3.4　　　　　　　　　　生产制造能力测量

测量变量	具体问项
生产制造能力	我企业的用工成本低
	我企业设备的维护成本低
	我企业生产制造中用料节约
	我企业生产制造中废品率低
	我企业产品出现退货或返修情况低
	我企业能够按期交货
	我企业自制件占较大比例

5. 组织管理能力。艾克（Aaker, 1989）强调了对企业共同愿景和文化，以及管理和协调方面的能力；曾华和赵进（2003）着重在现代管理制度及其运作效率、企业文化等方面进行测量；杜慕群（2004）着重于部门协调、制度控制能力和企业文化的测

量；王核成（2005）则强调了对企业文化和部门间界面管理能力的测量。

马瑞肯和施南德（Maritan & Schnatterly，2002）在测量企业管理体系（management system）时，将企业沟通机制（communication mechanisms）作为测量的主要内容之一。借鉴他们的做法，本研究将企业在日常管理上的沟通和协调状况作为测量企业管理组织能力的指标之一。

民营企业是在生存中摸索成长过程，创立初期没有管理系统框架，没有管理职能分工，没有部门协调的自觉性。民营企业的管理更多地表现为先有管理措施，后制定、明晰管理职能，因此，本研究主要从组织管理体系的角度，结合苏南民营企业发展的实际情况，以组织日常管理、组织弹性、组织创新和组织集权程度四个主要维度来进行测量，详见表3.5。

表3.5　　　　　　　　　　组织管理能力测量

测量变量	具体问项
组织管理能力	我企业在生产、人力等日常管理上有完善的规章制度
	我企业的各种规章制度能得到很好落实
	我企业上级部门的决定能够迅速贯彻到下级部门
	我企业各职能部门之间经常沟通和协调
	我企业的高层领导有强烈的创新意识
	我企业的员工容易接受企业内部管理的变化
	我企业组织结构能很快适应市场变化

6. 营销能力。希特和爱尔兰（1985）从营销研究和信息系统、定价策略、促销和广告推广活动、产品分销网络、经销商关系、营销人员等内容对营销能力进行了测量；胡利等（1999）从营销资产（如组织、人员、网络、品牌等）、顾客资源（如客户信息、顾客满意度等）、内部资产和供应链资产四个方面来测量营销能力；杜

慕群（2004）从网络覆盖能力、网点布局合理度、与供应商和经销商的合作能力、顾客服务和后勤支援能力、新产品市场推广能力对市场营销的拓展能力进行了测量；万伦来（2004）从企业对营销渠道的管理和控制能力、企业售后服务水平和市场营销水平（即实际效果）三个方面九个具体问项来测量。另有学者从市场控制能力、品牌价值和知名度、营销创新、市场认知、市场推广等方面对营销能力进行了主观或客观的测量。

苏南民营企业成长更重视产品的推销，产品推广的前提是企业对市场的判断及对客户的理解，随着市场的发展，优质快速的售后服务也成为企业营销能力的重要组成部分，因此本研究从三个维度对企业营销能力进行测量：市场认知能力、市场推广能力、售后服务能力。其中，市场认知能力、售后服务能力对应以上的顾客认知能力和竞争认知能力，市场推广能力对应以上的市场开发能力，具体测量详见表 3.6。

表 3.6 营销能力测量

测量变量	具体问项
营销能力	我企业了解行业和市场发展趋势
	我企业对当前和潜在的顾客需求了解
	我企业拥有完善的营销组织网络
	我企业营销人员能维持原有市场
	我企业能够快速地将新产品推向市场
	我企业的售后服务客户满意

7. 企业家能力。李和曾（2001）在研究企业家个人特征对初创企业成长的影响效果时，对企业家能力进行了测量，其测量内容包括成就需要（need for achievement）、内控倾向（internal locus of control）、自立性（self-reliance）和外向性（extroversion）等。他们开发了一套量表，设计了多个项目对这些企业家能力特征进行了测

量，各构思变量测量的信度和效度比较理想。

鲍姆等（Baum et al.，2001）将企业家能力分成个性、综合能力、特定能力和动机。其中企业家的个性包括执着、积极性和热情；综合能力包括组织技能和利用机会的技能；特定能力包括从业经验和技术上的技能；动机包括愿景、目标和自我效能。

帕拉达肯等（Paradakis et al.，1998）在研究企业 CEO 的个人特征对企业战略决策过程的影响关系时，提出了两个有关企业领导人的个性特征：对成就的需要和风险态度。对成就的需要是企业家事业成功的基本个性特征之一。风险态度（风险倾向性）指的是个人所表现的在不同程度上承担风险或规避风险的心理性格，是影响个人做出不同战略决策的主要性格维度。

《浙江民营企业家研究》课题组（2001）提出企业经营管理中的学习能力对浙江民营制造业企业主的能力发展意义重大。浙江民营制造业企业主一般学历不高①，没有受过系统的经营和管理训练，也没有很深的从业经历，其能力一般是在企业成长过程中通过后天的不断学习来培育形成的。袁安府、潘惠、汪涛（2001）指出，企业家只有不断地进行学习，才能管理不断发展的事业，企业家通过认知活动所取得的知识或技巧只有上升到企业家专长，他们的经营活动才能更为有效。

许庆高（2009）总结改革 30 年民营企业成就，在企业家能力与民营企业成长研究中指出：民营企业的成长，并不是需要企业家诸种能力都具备为充分条件，而是需要企业家拥有不同类型的企业家能力，即在企业不同的生命周期阶段，结合企业的资源需求，突出某个能力因素或某几个能力因素的作用，形成满足企业发展需要的能力束，使企业家能力在企业成长过程中得到最充分的发挥。企

---

① 曹士云、姚茂群（1999）调查了 128 个浙江私营企业法人代表，发现浙江私营企业主中大专以上的文化程度为 20.31（其中大专占 14.06%，本科以上占 6.25%），此外小学占 10.16%，初中占 25.78%，高中、中专占 43.75%。

业成长不同阶段需要不同的资源，不同的资源获取需要不同的企业家能力，在不同发展阶段企业需要的企业家能力如表3.7所示。

表 3.7　　　　　　　　企业生命周期对应的企业家能力

企业生命周期	出生期	成长期	成熟期	衰退或再生期
企业家能力需求	整合资源能力、风险承担能力、市场抉择能力、社会人际关系	学习能力、经营管理能力、构建营销网络能力	判断决策能力、构建企业文化和企业信誉能力、构建品牌能力	改革创新能力、寻求新市场的能力、研发新产品或服务的能力

苏南民营企业的成长过程，企业家与企业共同形成竞争优势，企业家能力附着在企业成长过程中。企业家能力一方面表现为个体的性向特征上；另一方面表现为企业家对企业的操作、驾驭能力上。参考借鉴苏南企业家的特点基础上，结合以上学者的研究成果，本研究企业家能力指标具体测量见表3.8。

表 3.8　　　　　　　　企业家能力测量

测量项目	具体问项
企业家能力	企业当家人有长远的目标
	企业当家人善于学习和模仿
	企业当家人喜欢创新
	企业当家人社会活动能力强
	企业当家人有计划地处理事情
	企业当家人善于抓住事情关键环节
	企业当家人有效地激励骨干员工
	企业当家人是企业职工的精神领袖
	企业当家人善用组织力量贯彻落实决策
	企业当家人有多年实际从业经验

(三) 地方政府行为变量测量

苏南民营企业是在地方政府的主导下创立、生存、发展，政府始终是企业发展的一个重要变量。地方政府对企业竞争优势的影响通过直接手段向间接手段转变，由直接干预企业到利用传导机制作用于企业发展。企业从外部环境中利用、吸收政府提供的辅助因素内化为企业竞争优势的构成要素，通过竞争优势构成要素的作用促使企业实现竞争优势。具体到苏南民营企业，政府行为对苏南民营企业的外部环境变量如何进行测量？

郑江淮、高彦彦、胡小文 (2008) 对江苏省沿江地区 (244 个样本) 的企业绩效进行了实证研究，其研究结论如下：(1) 经济开发区通过财政税收优惠 "政策租" 吸引企业进驻的现象十分普遍，开发区成为苏南企业发展的 "制度飞地"。(2) 政府可以通过其控制的资源 (如信贷支持、技术支持政策优惠等) 为开发区企业的技术改造升级提供强有力的支持。(3) 上下游关联企业以及同行，对于企业的技术改造升级亦具有积极的影响，尽管它们并不一定聚集在开发区。

张建英 (2009) 对苏南地方政府职能转变的研究中得出，2003年后苏南地方政府要面对土地锐减、环境污染、能源紧张和社会和谐发展等问题，政府要实现由经济建设为主、培育市场、直接参与市场活动向提供公共产品为主、规范市场、为市场经济发展提供良好环境的转变。

由此，本研究对苏南民营企业外部环境变量从政府控制的力度进行选择，分别为直接行为与间接行为，间接行为包括：开发区政策、产业政策、技术政策、城市化政策。

1. 政府直接行为。苏南民营企业成长的初始条件是政府成为企业直接的参与者构成企业的直接生产要素，测量详见表3.9。

表 3.9　　　　　　　　　　政府直接行为测量

测量项目	具体问项
政府直接行为	我企业的经营者是政府干部或由政府干部转变而来
	我企业由国营企业转变而来
	我企业由乡镇企业转变而来
	我企业享受当地政府特批用地
	我企业享受当地政府财政转移支付

2. 开发区政策。我国高新区、经济技术开发区、工业园、科学城等一般都设管委会，作为当地政府的派出机构，通常具有很大的经济管理权限和相应的行政管理职能。我国通过制定园区发展的土地开发政策、产业发展政策、财政政策、税收政策、金融政策等来对园区发展进行调控。

从我国地方政府园区的具体措施来看有园区人才的引进、培养和培训纳入当地人才管理系统，统一进行管理或为专业人才提供所需的生活设施、工作条件、教育环境等优惠条件来鼓励他们创业；有的园区管理机构对园区信息流进行优化，使园区企业能够充分、有效地利用外部的信息资源，最大限度地加快创新成果产业化进程；有的地方政府通过建立和完善要素市场，为园区生产经营、市场开拓、招商引资提供完备的市场体系，开发区政策测量详见表 3.10。

表 3.10　　　　　　　　　　开发区政策测量

测量项目	具体问项
开发区政策	我企业进入开发区获得技术配套
	我企业能共享开发区引进外资的资源
	开发区对人才有特殊政策
	政府提供了吸引我企业的土地政策
	政府提供了吸引我企业的税收政策

续表

测量项目	具体问项
开发区政策	开发区提供了便利的基础设施
	开发区公共服务很高效
	政府在当地建立了供我企业采购或销售的市场
	政府提供了当地的劳动力市场
	政府提供或组建当地的科研技术市场
	政府在当地建立便民服务的农贸市场

3. 产业技术政策。企业必须适应变化的市场环境，在产品和生产工艺等方面不断进取；而单个企业越来越难以依靠自己完全将新知识应用到产品或者生产工艺中去。为了减少风险和缩短进入市场的时间，企业更可能选择专业化。专业化的结果使企业越来越依赖于其他企业而不是自身的互补性知识和技能。同时，由于企业集群网络的存在，集群内企业通过不断的交流大大促进了企业家资源培育、合作与创新文化形成等。

苏南民营企业之间的协作来源于两个方面：一方面，政府提供产业指导政策，通过招商引资等手段提升企业技术装备，中小企业可以在技术消化、工艺改进上做配套与提升而间接促使企业建立相互联系；另一方面，企业由于业务联系通过上、下游产业链发生相互关系，产业技术政策测量详见表3.11。

表3.11 **产业技术测量**

测量项目	具体问项
产业技术政策	政府为我企业的发展提供税收优惠政策
	政府为我企业的发展提供过资金支持或帮助
	政府帮助我企业提供技术信息或引荐合资
	我企业发展符合当地政府产业技术规划

续表

测量项目	具体问项
产业技术政策	我企业通过原材料供应商进行产品技术升级
	我企业通过销售商进行产品技术升级
	我企业通过改造实现产品技术升级
	我企业通过购买技术实现产品技术升级
	我企业通过合资实现产品技术升级
	我企业通过劳动技术培训实现产品技术升级
	我企业通过引进技术人员实现产品技术升级

4. 城市化政策。政府在区域经济增长和经济格局变化的过程中，始终作为主体或主角发挥着主导作用。在市县以下的乡镇经济中，随着乡镇企业的改制完成，苏南各级政府已基本退出县级以下私人产品领域的企业经营活动，也较少干预农户的生产经营。乡镇政府增强了乡镇公共设施建设的职能，特别是在农村小城镇的建设中，全盘统筹，直接经营操作。市县级政府开展了规模巨大的城市扩展活动。

在城市化过程中，政府提供社会保障、精神文明建设从更广阔的角度支持当地经济发展，所提供的干预力量越来越从直接参与到间接提供，由直接物品向公共物品过渡，城市化政策测量详见表 3.12。

表 3.12　　　　　　　城市化政策测量

测量项目	具体问项
城市化政策	当地政府提供的社会保障为我企业减轻劳动成本
	当地政府做户籍上的松弛利于用工在城乡之间协调
	我企业所在地有便利的学校设施满足职工子女入学需求
	我企业所在地有大医院满足中、高层管理者对得病医治与健康保健需求
	当地政府营造有利于企业经营的商业文化
	当地政府打造地方声誉的品牌

四、数据获取和数据统计描述

（一）研究样本的选择

问卷内容都是按照制造业的要求设计的，非制造业企业无法填写完整答卷，网络版答卷由于填写无法完整而直接无效，纸制问卷在检查核对过程中，比如非制造企业，无法填写完成"设备资源"选项，直接视为无效而不采纳。

对企业规模的控制由于在发放问卷时无法有效控制，况且为尽可能多地搜集样本，发放时企业数量较大；由于本研究主要针对中小制造企业，因而在收集到的数据中，经过统计分析后，将职工人数 3000 人以上，同时销售额在 30000 万元以上、资产总额在 40000 万元以上的大型企业放弃，不纳入最终分析。

（二）研究数据的收集

样本企业数据的调查搜集是一个比较复杂的过程，经多次协商、听取各方建议、简单方便答卷者、不致占用答卷者过多时间，全部问题都采用主观感知的选择题形式。

研究数据在收集中，苏州回收的问卷主要采取纸制问卷，其中太仓地区的 30 份问卷主要通过企业家朋友发放、答卷并回收完成；苏州市的问卷反馈回收主要是通过苏州进出口检验检疫局举办两期培训班之机，委托举办方将问卷发放给企业参加培训的人员，完成答卷后回收，在回收的答卷中，有的企业是贸易公司，设备资源等项目没有答案，有的答卷反面没有答全，还有的答卷所有选项都选 6 或 5，以上几种情况在统计中都视作无效问卷；结果一期回收问卷 182 份，有效问卷 141 份；二期回收 167 份，有效问卷 123 份；共计回收 349 份，有效问卷 264 份；纸制问卷在发放前，都对委托人事先进行了问卷解释说明和填写要求的培训，对第一期答卷中出现的问题及时提出，使第二期问卷更有效；其他 16 份为起初通过发放电子问卷回收的有效反馈答卷。

常州地区的调查问卷主要采用网络问卷形式，主要是通过常州市科技局信息中心通过网上通知发放政府文件形式完成，常州市、金坛市、栗阳市收到的有效反馈问卷分别是 126 份、113 份、2 份。

最终，苏州地区的调查问卷主要集中在苏州市区，有 280 份，太仓市有 30 份答卷；常州地区的样本企业主要集中在常州市、金坛市，栗阳只有 2 份样本企业，问卷按发放和回收统计详见表3.13。

表 3.13　　　　　　　　　　问卷发放与回收统计

发放方式	发放数量	回收数量	回收率（％）	有效数量	有效率（％）
企业实地发放	50	30	60.00	30	60.00
中介组织发放一	200	182	91.00	141	77.47
中介组织发放二	200	167	83.50	123	73.65
电子邮件一	200	16	8.00	16	100.00
电子邮件二	1200	138	11.50	138	100.00
电子邮件三	600	113	18.83	113	100.00
合计	2450	646	26.37	561	86.84

1. 研究样本的基本描述。本次调查历时近 6 个多月，调查对象是根据"随机兼顾方便"的原则选定的；总体上看，回收问卷的情况基本达到预期目标。

以有效问卷为基数，问卷回应者的相应情况见表 3.14、表3.15、表 3.16。有效答卷者共有 561 人：男女比例基本为 40.46%、59.54%；30 岁以上的人员占到了 63.09%；中层以上干部为57.03%；82.35% 为高中以上学历；苏州市有 310 答卷者：女性为59.54%；30 岁以上占 63.99%；中层以上干部为 57.93%；高中以上学历为 92.34%；常州市有 251 名有效答卷者：男性占 52.99%；30 岁以上占 72.11%；中层以上干部为 66.14%；高中以上学历为 95.22%。

表 3.14　　　　　　　　问卷回应者基本情况

		频次	比例（%）	累计比例（%）
性别	男	227	40.46	40.46
	女	334	59.54	100.00
	合计	561	100.00	
年龄	<30	202	36.01	36.01
	30~40	262	46.70	82.71
	40~50	74	13.19	95.90
	>50	23	4.10	100.00
	合计	561	100.00	
职位	董事长/总经理	19	3.39	3.39
	其他高层	51	9.09	12.48
	中层干部	255	45.45	57.93
	其他	236	42.07	100.00
	合计	561	100.00	
学历	高中及以下	43	7.66	7.66
	本科以下	243	43.32	50.98
	本科	240	42.78	93.76
	硕士及以上	35	6.24	100.00
	合计	561	100.00	

表 3.15　　　　　　　　苏州问卷回应者基本情况

		频次	比例（%）	累计比例（%）
性别	男	94	30.32	30.32
	女	216	69.68	100.00
	合计	310	100.00	

		频次	比例（%）	累计比例（%）
年龄	<30	132	42.58	42.58
	30~40	154	49.68	92.26
	40~50	20	6.45	98.71
	>50	4	1.29	100.00
	合计	310	100.00	
职位	董事长/总经理	3	0.97	0.97
	其他高层	6	1.94	2.90
	中层干部	150	48.39	51.29
	其他	151	48.71	100.00
	合计	310	100.00	
学历	高中及以下	31	10.00	10.00
	本科以下	155	50.00	60.00
	本科	120	38.71	98.71
	硕士及以上	4	1.29	100.00
	合计	310	100.00	

表 3.16　　　　　　　常州问卷回应者基本情况

		频次	比例（%）	累计比例（%）
性别	男	133	52.99	52.99
	女	118	47.01	100.00
	合计	251	100.00	
年龄	<30	70	27.89	27.89
	30~40	108	43.03	70.92
	40~50	54	21.51	92.43
	>50	19	7.57	100.00
	合计	251	100.00	

		频次	比例（%）	累计比例（%）
职位	董事长/总经理	16	6.37	6.37
	其他高层	45	17.93	24.30
	中层干部	105	41.83	66.14
	其他	85	33.86	100.00
	合计	251	100.00	
学历	高中及以下	12	4.78	4.78
	本科以下	88	35.06	39.84
	本科	120	47.81	87.65
	硕士及以上	31	12.35	100.00
	合计	251	100.00	

2. 样本企业的行业分布。苏南、苏州、常州样本企业的行业分布分别见表3.17、表3.18、表3.19。

表3.17　　　　苏南样本企业的行业分布

行业	频次	比例（%）	累计比例（%）
电子通讯设备	52	9.27	9.27
纺织	53	9.45	18.72
服装	42	7.49	26.20
黑色金属	4	0.71	26.92
化学纤维	9	1.60	28.52
机械设备	96	17.11	45.63
建筑业	10	1.78	47.42
交通运输	14	2.50	49.91
木材加工	4	0.71	50.62
石油化工	34	6.06	56.68
食品	14	2.50	59.18
塑料	32	5.70	64.88

行业	频次	比例（%）	累计比例（%）
橡胶	13	2.32	67.20
医药制造业	25	4.46	71.66
仪器	13	2.32	73.98
印刷	7	1.25	75.22
专用设备	35	6.24	81.46
其他制造业	104	18.54	100.00
合计	561	100.00	

表 3.18　　　　　苏州样本企业的行业分布

行业	频次	比例（%）	累计比例（%）
电子通讯设备	31	10.00	10.00
纺织	41	13.23	23.23
服装	34	10.97	34.19
黑色金属	1	0.32	34.52
化学纤维	3	0.97	35.48
机械设备	40	12.90	48.39
建筑业	6	1.94	50.32
交通运输	4	1.29	51.61
木材加工	3	0.97	52.58
石油化工	8	2.58	55.16
食品	6	1.94	57.10
塑料	22	7.10	64.19
橡胶	5	1.61	65.81
医药制造业	11	3.55	69.35
仪器	5	1.61	70.97
印刷	4	1.29	72.26
专用设备	7	2.26	74.52
其他制造业	79	25.48	100.00
合计	310	100.00	

表 3.19　　　　　　　　　　**常州样本企业的行业分布**

行业	频次	比例（%）	累计比例（%）
电子通讯设备	21	8.37	8.37
纺织	12	4.78	13.15
服装	8	3.19	16.33
黑色金属	3	1.20	17.53
化学纤维	6	2.39	19.92
机械设备	56	22.31	42.23
建筑业	4	1.59	43.82
交通运输	10	3.98	47.81
木材加工	1	0.40	48.21
石油化工	26	10.36	58.57
食品	8	3.19	61.75
塑料	10	3.98	65.74
橡胶	8	3.19	68.92
医药制造业	14	5.58	74.50
仪器	8	3.19	77.69
印刷	3	1.20	78.88
专用设备	28	11.16	90.04
其他制造业	25	9.96	100.00
合计	251	100.00	

3. 样本企业的规模分布。企业规模主要通过职工人数、年销售额、资产总额 3 个指标来描述。有效样本企业的规模分布参见表3.20、表3.21、表3.22、表3.23、表3.24、表3.25、表3.26、表3.27、表3.28。从职工人数来看，样本中以 100 人以下和 100~300人的企业为较多，分别为 201 家和 200 家，合计共有 401 家，占到样本企业总数的 71.48%；从年销售额来看，样本中以 3000 万以下和 3000 万~15000 万元较多，分别为 217 家和 212 家，二者相加共有 429 家，占样本企业总量的 76.47%；从资产总额看，资产总额

小于 4 亿元的企业共有 513 家，占 91.44%，特别是 2 亿以下共有 461 家，共占 82.17%；其中苏州小于 2 亿元的企业共有 266 家，占 85.81%；常州样本企业资产小于 2 亿元的有 195 家，占 77.69%；本书对职工人数超过 3000 人、年销售额超过 3 亿元、资产总额超过 4 亿元同时具备这三个条件的企业定义为大型企业，不纳入研究。

（1）人数分布。

表 3.20　　　　　　　　苏南样本企业的人数分布

员工人数	频次	比例（%）	累计比例（%）
100 人以下	201	35.83	35.83
100～300 人	200	35.65	71.48
300～600 人	78	13.90	85.38
600～1000 人	30	5.35	90.73
1000～2000 人	26	4.63	95.37
2000～3000 人	7	1.25	96.61
3000 人以上	19	3.39	100.00
合计	561	100.00	

表 3.21　　　　　　　　苏州样本企业的人数分布

员工人数	频次	比例（%）	累计比例（%）
100 人以下	94	30.32	30.32
100～300 人	117	37.74	68.06
300～600 人	39	12.58	80.65
600～1000 人	21	6.77	87.42
1000～2000 人	17	5.48	92.90
2000～3000 人	6	1.94	94.84
3000 人以上	16	5.16	100.00
合计	310	100.00	

表3.22　　　　　常州样本企业的人数分布

员工人数	频次	比例（%）	累计比例（%）
100 人以下	107	42.63	42.63
100～300 人	83	33.07	75.70
300～600 人	39	15.54	91.24
600～1000 人	9	3.59	94.82
1000～2000 人	9	3.59	98.41
2000～3000 人	1	0.40	98.80
3000 人以上	3	1.20	100.00
合计	251	100.00	

（2）年销售额分布。

表3.23　　　　　苏南样本企业的年销售额分布

年销售额（万元）	频次	比例（%）	累计比例（%）
3000 以下	217	38.68	38.68
3000～15000	212	37.79	76.47
15000～30000	58	10.34	86.81
30000 以上	74	13.19	100.00
合计	561	100.00	

表3.24　　　　　苏州样本企业的年销售额分布

年销售额（万元）	频次	比例（%）	累计比例（%）
3000 以下	103	33.23	33.23
3000～15000	140	45.16	78.39
15000～30000	29	9.35	87.74
30000 以上	38	12.26	100.00
合计	310	100.00	

表 3. 25　　　　　　　常州样本企业的年销售额分布

年销售额（万元）	频次	比例（%）	累计比例（%）
3000 以下	114	45. 42	45. 42
3000 ~ 15000	72	28. 69	74. 10
15000 ~ 30000	29	11. 55	85. 66
30000 以上	36	14. 34	100. 00
合计	251	100. 00	

（3）企业资产分布。

表 3. 26　　　　　　　苏南样本企业的资产分布

资产总额	频次	比例（%）	累计比例（%）
4000 万元以下	258	45. 99	45. 99
4000 万 ~ 2 亿元	203	36. 19	82. 17
2 亿 ~ 4 亿元	52	9. 27	91. 44
4 亿元以上	48	8. 56	100. 00
合计	561	100. 00	

表 3. 27　　　　　　　苏州样本企业的资产分布

资产总额	频次	比例（%）	累计比例（%）
4000 万元以下	163	52. 58	52. 58
4000 万 ~ 2 亿元	103	33. 23	85. 81
2 亿 ~ 4 亿元	23	7. 42	93. 23
4 亿元以上	21	6. 77	100. 00
合计	310	100. 00	

表 3.28   常州样本企业的资产分布

资产总额	频次	比例（%）	累计比例（%）
4000 万元以下	95	37.85	37.85
4000 万 ~ 2 亿元	100	39.84	77.69
2 亿 ~ 4 亿元	29	11.55	89.24
4 亿元以上	27	10.76	100.00
合计	251	100.00	

（4）样本企业的区域分布。本次问卷共采集有效样本 561 家（见表 3.29），两地样本总量在本书中代表苏南民营企业，在各种分析中代表苏南民营企业的总体情况；其中苏州 310 家，且 280 家（90.32%）来自苏州市区，太仓托朋友采集了 30 份，由于条件所限，吴江、昆山、张家港、常熟则没有有效问卷，研究中将收集到 310 份有效问卷代表苏州（见表 3.30），代表和反映苏州民营企业的情况；常州包含 2 个县级市，常州市区收集到 136 份有效问卷，金坛收集到 113 份有效问卷，而溧阳由于资源有限只收集到了 2 份问卷，总共 251 份问卷（见表 3.31），在本研究中代表和反映常州民营企业情况；苏州、常州的有效问卷 310 份、251 份分别占总样本量 561 份的 55.26%、44.74%。

表 3.29   苏南样本企业的区域分布

区域	频次	比例（%）	累计比例（%）
苏州市区	280	49.91	49.91
太仓	30	5.35	55.26
常州市区	136	24.24	79.50
金坛	113	20.14	99.64
溧阳	2	0.36	100.00
合计	561	100.00	

表 3.30　　　　　　　苏州样本企业的区域分布

区域	频次	比例（%）	累计比例（%）	占总样本量比例（%）
苏州市区	280	90.32	90.32	
太仓	30	9.68	100.00	
合计	310	100.00		55.26
总样本量	561			

表 3.31　　　　　　　常州样本企业的区域分布

区域	频次	比例（%）	累计比例（%）	占总样本量比例（%）
常州市区	136	54.18	54.18	
金坛	113	45.02	99.20	
溧阳	2	0.80	100.00	
合计	251	100.00		44.74
总样本量	561			

（5）样本企业的成长年限分布。有效样本企业的年限分布参见表 3.32、表 3.33、表 3.34，从表中可以看出，大部分样本企业的年限在 5～20 年之间，5 年以下企业有 81 家，占总样本量的14.44%；苏州共有样本企业 310 家，5 年以上企业占 92.4%；常州共有样本企业 251 家，5 年以下企业占 22.31%；本书将 5 年以下企业也纳入了本研究课题，因为新成立的企业更会受到地方政府开发区政策、产业技术政策、城市化政策的影响。

表 3.32　　　　　　苏南样本企业的成长年限分布

成长年限	频次	比例（%）	累计比例（%）
5 年以下	81	14.44	14.44
5～10 年	265	47.24	61.68
11～20 年	166	29.59	91.27
20 年以上	49	8.73	100.00
合计	561	100.00	

表 3.33　　　　　　　　苏州样本企业的成长年限分布

成长年限	频次	比例（%）	累计比例（%）
5 年以下	25	8.06	8.06
5~10 年	164	52.90	60.97
11~20 年	107	34.52	95.48
20 年以上	14	4.52	100.00
合计	310	100.00	

表 3.34　　　　　　　　常州样本企业的成长年限分布

成长年限	频次	比例（%）	累计比例（%）
5 年以下	56	22.31	22.31
5~10 年	101	40.24	62.55
11~20 年	59	23.51	86.06
20 年以上	35	13.94	100.00
合计	251	100.00	

4. 研究数据描述。使用极大似然法对结构模型进行估计，要求使用的数据符合正态分布。本次问卷项目的均值、均方差、偏度（Skewness）、峰度（Surtosis）等描述性统计量，本书采用 SPASS17.0 对样本中各变量数据进行了分析，当样本数据满足中值与中位数相近，且偏度和峰度同时小于 2 时，可认为样本数据是近似于正态分布的。统计结果表明本次问卷中各变量数据的偏度和峰度值均满足要求（参见表 3.35、表 3.36、表 3.37），即符合正态分布要求，因此调查数据可以用于结构方程模型分析。

表 3.35　　　　　　苏南企业各变量数据的偏度和峰度值（N=561）

变量	SCSB1	SCSB2	SCSB3	SCSB4	SCSB5	RLZY1	RLZY2	RLZY3
偏度	-0.543	-0.723	-0.892	-0.878	-1.105	-0.863	-1.019	-0.947
峰度	-0.246	0.431	1.529	1.225	1.577	0.776	1.403	0.834

续表

变量	RLZY4	RLZY5	RLZY6	RLZY7	GXZY1	GXZY2	GXZY3	GXZY4
偏度	-1.065	-0.923	-0.737	-0.848	-0.950	-0.873	-0.825	-0.960
峰度	1.580	0.865	-0.019	0.480	0.753	0.435	0.409	0.686
变量	GXZY5	GXZY6	GXZY7	SCZZ1	SCZZ2	SCZZ3	SCZZ4	SCZZ5
偏度	-1.034	-0.931	-1.205	-0.587	-0.378	-0.537	-0.857	-0.953
峰度	1.464	0.715	1.069	-0.212	-0.323	0.086	0.977	1.010
变量	SCZZ6	SCZZ7	ZZGL1	ZZGL2	ZZGL3	ZZGL4	ZZGL5	ZZGL6
偏度	-1.139	-0.921	-1.004	-0.926	-0.891	-0.874	-1.276	-0.708
峰度	1.032	0.549	1.702	1.174	1.222	1.117	1.598	0.467
变量	ZZGL7	YXNL1	YXNL2	YXNL3	YXNL4	YXNL5	YXNL6	QYJ1
偏度	-0.896	-0.945	-0.834	-0.968	-0.775	-0.994	-1.124	-1.418
峰度	1.066	1.188	0.729	1.102	0.447	1.290	1.086	1.910
变量	QYJ2	QYJ3	QYJ4	QYJ5	QYJ6	QYJ7	QYJ8	QYJ9
偏度	-1.042	-1.205	-1.175	-1.177	-1.178	-1.144	-1.018	-1.100
峰度	1.281	1.782	1.776	1.280	1.291	1.855	1.362	1.687
变量	QYJ10	ZFXW1	ZFXW2	ZFXW3	ZFXW4	ZFXW5	KFQZC1	KFQZC2
偏度	-1.586	0.608	0.582	0.580	0.347	0.450	-0.005	-0.068
峰度	1.704	-1.146	-1.330	-1.275	-1.239	-1.153	-1.151	-1.128
变量	KFQZC3	KFQZC4	KFQZC5	KFQZC6	KFQZC7	KFQZC8	KFQZC9	KFQZC10
偏度	-0.260	-0.254	-0.385	-0.475	-0.543	-0.555	-0.395	-0.347
峰度	-1.024	-0.911	-0.798	-0.725	-0.608	-0.582	-0.785	-0.817
变量	CYJS1	CYJS2	CYJS3	CYJS4	CYJS5	CYJS6	CYJS7	CYJS8
偏度	-0.807	-0.556	-0.532	-0.663	-0.629	-0.628	-0.762	-0.568
峰度	0.115	-0.372	-0.378	-0.297	-0.081	-0.069	0.248	-0.450
变量	CYJS9	CYJS10	CYJS11	CSH1	CSH2	CSH3	CSH4	CSH5
偏度	-0.422	-0.704	-0.697	-0.490	-0.437	-0.477	-0.621	-0.586
峰度	-0.803	-0.017	0.001	-0.310	-0.403	-0.383	-0.117	-0.097
变量	CSH6							
偏度	-0.656							
峰度	-0.098							

表 3.36 苏州企业各变量数据的偏度和峰度值（N=310）

变量	SCSB1	SCSB2	SCSB3	SCSB4	SCSB5	RLZY1	RLZY2	RLZY3
偏度	-0.235	-0.408	-0.550	-0.676	-0.889	-0.574	-0.737	-0.586
峰度	-0.855	-0.647	0.577	0.562	0.872	-0.046	0.574	-0.266
变量	RLZY4	RLZY5	RLZY6	RLZY7	GXZY1	GXZY2	GXZY3	GXZY4
偏度	-0.739	-0.636	-0.451	-0.638	-0.590	-0.512	-0.406	-0.549
峰度	0.620	0.239	-0.346	0.282	-0.624	-0.446	-0.332	-0.222
变量	GXZY5	GXZY6	GXZY7	SCZZ1	SCZZ2	SCZZ3	SCZZ4	SCZZ5
偏度	-0.929	-0.760	-0.992	-0.347	0.004	-0.185	-0.572	-0.596
峰度	1.011	0.063	1.109	-0.102	-0.358	-0.337	0.393	0.045
变量	SCZZ6	SCZZ7	ZZGL1	ZZGL2	ZZGL3	ZZGL4	ZZGL5	ZZGL6
偏度	-0.881	-0.616	-0.815	-0.706	-0.713	-0.635	-0.832	-0.478
峰度	0.927	-0.223	0.712	0.226	0.157	-0.009	0.881	-0.379
变量	ZZGL7	YXNL1	YXNL2	YXNL3	YXNL4	YXNL5	YXNL6	QYJ1
偏度	-0.624	-0.823	-0.657	-0.712	-0.632	-0.662	-0.740	-1.132
峰度	-0.060	0.422	-0.090	0.474	-0.163	0.305	0.010	1.327
变量	QYJ2	QYJ3	QYJ4	QYJ5	QYJ6	QYJ7	QYJ8	QYJ9
偏度	-0.855	-0.854	-0.931	-0.884	-0.835	-0.747	-0.750	-0.664
峰度	0.581	0.539	0.730	0.789	0.614	0.413	0.525	0.143
变量	QYJ10	ZFXW1	ZFXW2	ZFXW3	ZFXW4	ZFXW5	KFQZC1	KFQZC2
偏度	-1.040	0.766	0.977	1.045	0.683	0.752	0.199	0.101
峰度	1.040	-0.433	-0.338	-0.002	-0.479	-0.310	-0.649	-0.685
变量	KFQZC3	KFQZC4	KFQZC5	KFQZC6	KFQZC7	KFQZC8	KFQZC9	KFQZC10
偏度	0.093	-0.019	-0.130	-0.162	-0.255	-0.372	-0.142	-0.056
峰度	-0.571	-0.580	-0.504	-0.594	-0.577	-0.514	-0.510	-0.551
变量	CYJS1	CYJS2	CYJS3	CYJS4	CYJS5	CYJS6	CYJS7	CYJS8
偏度	-0.353	-0.086	-0.047	-0.134	-0.186	-0.144	-0.305	-0.267
峰度	-0.446	-0.426	-0.472	-0.674	-0.332	-0.464	-0.290	-0.199
变量	CYJS9	CYJS10	CYJS11	CSH1	CSH2	CSH3	CSH4	CSH5
偏度	-0.202	-0.331	-0.134	-0.148	-0.094	-0.193	-0.342	-0.262
峰度	-0.364	-0.235	-0.590	-0.301	-0.222	-0.275	-0.100	-0.253
变量	CSH6							
偏度	-0.307							
峰度	-0.427							

表 3. 37　　　　　　常州企业各变量数据的偏度和峰度值（N = 251）

变量	SCSB1	SCSB2	SCSB3	SCSB4	SCSB5	RLZY1	RLZY2	RLZY3
偏度	- 0. 990	- 1. 188	- 1. 420	- 1. 174	- 1. 178	- 1. 289	- 1. 454	- 1. 508
峰度	1. 367	3. 601	1. 816	1. 594	1. 241	1. 293	1. 230	1. 331
变量	RLZY4	RLZY5	RLZY6	RLZY7	GXZY1	GXZY2	GXZY3	GXZY4
偏度	- 1. 477	- 1. 352	- 1. 173	- 1. 160	- 1. 489	- 1. 454	- 1. 423	- 1. 691
峰度	1. 010	2. 294	1. 026	1. 097	1. 658	1. 844	1. 145	1. 940
变量	GXZY5	GXZY6	GXZY7	SCZZ1	SCZZ2	SCZZ3	SCZZ4	SCZZ5
偏度	- 0. 924	- 1. 014	- 1. 485	- 0. 886	- 0. 843	- 1. 078	- 1. 387	- 1. 540
峰度	1. 223	1. 737	1. 216	- 0. 069	0. 182	1. 746	1. 083	1. 768
变量	SCZZ6	SCZZ7	ZZGL1	ZZGL2	ZZGL3	ZZGL4	ZZGL5	ZZGL6
偏度	- 1. 538	- 1. 398	- 1. 246	- 1. 264	- 1. 169	- 1. 235	- 2. 069	- 1. 042
峰度	1. 675	1. 413	1. 920	1. 984	1. 179	1. 232	1. 403	1. 996
变量	ZZGL7	YXNL1	YXNL2	YXNL3	YXNL4	YXNL5	YXNL6	QYJ1
偏度	- 1. 317	- 0. 870	- 1. 065	- 1. 360	- 0. 908	- 1. 434	- 1. 723	- 1. 849
峰度	1. 537	1. 229	1. 503	1. 643	1. 618	1. 889	1. 073	1. 200
变量	QYJ2	QYJ3	QYJ4	QYJ5	QYJ6	QYJ7	QYJ8	QYJ9
偏度	- 1. 218	- 1. 798	- 1. 534	- 1. 628	- 1. 755	- 1. 717	- 1. 426	- 1. 672
峰度	1. 511	1. 697	1. 302	1. 221	1. 599	1. 509	1. 176	1. 081
变量	QYJ10	ZFXW1	ZFXW2	ZFXW3	ZFXW4	ZFXW5	KFQZC1	KFQZC2
偏度	- 1. 529	0. 293	0. 119	- 0. 012	- 0. 129	- 0. 042	- 0. 305	- 0. 354
峰度	1. 943	- 1. 741	- 1. 848	- 1. 821	- 1. 530	- 1. 581	- 1. 372	- 1. 314
变量	KFQZC3	KFQZC4	KFQZC5	KFQZC6	KFQZC7	KFQZC8	KFQZC9	KFQZC10
偏度	- 0. 898	- 0. 682	- 0. 833	- 1. 027	- 1. 023	- 0. 863	- 0. 817	- 0. 781
峰度	- 0. 466	- 0. 715	- 0. 496	- 0. 003	0. 034	- 0. 320	- 0. 521	- 0. 550
变量	CYJS1	CYJS2	CYJS3	CYJS4	CYJS5	CYJS6	CYJS7	CYJS8
偏度	- 1. 698	- 1. 472	- 1. 396	- 1. 562	- 1. 119	- 1. 208	- 1. 590	- 0. 904
峰度	1. 290	2. 009	1. 915	3. 420	0. 569	0. 961	1. 512	- 0. 386
变量	CYJS9	CYJS10	CYJS11	CSH1	CSH2	CSH3	CSH4	CSH5
偏度	- 0. 582	- 1. 248	- 1. 696	- 0. 986	- 0. 998	- 0. 998	- 1. 021	- 1. 128
峰度	- 1. 123	0. 997	3. 416	0. 388	0. 304	0. 451	0. 338	1. 240
变量	CSH6							
偏度	- 1. 162							
峰度	1. 507							

（三）样本企业数据的质量评估

为了使研究得出可信的结果，有必要对样本数据的质量进行评估，以确保数据的准确性、可靠性和适用性。本书对样本企业数据质量的评估主要包括：调查对象偏差分析、非响应偏见分析、共同方法变异（Common-Method Variance）影响分析、（Nonresponse Bias）、样本容量分析四方面进行。

1. 调查对象偏差分析。调查对象偏差分析主要验证答卷人的填写态度是否认真负责，填写数据是否真实可信。本研究主要通过对问卷填写内容进行核实。由于在问卷中，要求答卷者填写企业全称、选择主营业务、所在区域、员工人数、销售额等企业信息，因此，本研究对样本企业的全称名称进行核对外，再通过百度、谷歌、企业网站、职能部门（工商部门、统计部门）等信息加以核实。在核证过程中，特别是收集到的纸制问卷，在输入到电子版答卷之前，对公司全称模糊不清无法辨认，且通过百度、谷歌又不能证明其全称的答卷放弃不用；对在整个答卷中，全部选6、选5或选1的答卷放弃不用；对答卷中部分内容没有完成的放弃不用，保留下来的其他问卷通过交叉验证等手段，验证了样本企业的信息是真实的、数据是可信的。

2. 非响应偏见分析。不响应偏见在调查研究中经常发生，本研究的问卷获取方式在苏州地区以企业实地走访和培训现场发放为主，虽然事前笔者对委托者进行了问卷培训，但在第一期收到的答卷中，还是发现了一些问题，由于纸制问卷是正反面，有的答卷反面全部不答，应该是漏答；有的问卷的部分内容不答，可能企业本身不在开发区，根本没有感受到开发区政策的实惠；有的企业从事的不是制造业，因而设备资源方面的答卷是空白，凡此种种，本研究全部放弃；因而本研究采用的样本企业数据的非响应偏见问题很小或不严重。

3. 共同方法变异影响分析。共同方法偏差是一种系统误差。本研究采用哈曼（Harman）单因子检验方法来检验共同方法变异的影响（Livingstone et al.，1997）。如果数据中存在着大量的共同方法变异，那么将问卷中所有的变量都纳入因子分析过程，将会出现一个单独因子，或者一个共同因子解释了大部分变异。在本书中，对调查问卷中所有测量企业竞争优势的问项进行探索性因子分析（EFA），分析结果中企业竞争优势因素的探索性因子分析中得到8个特征值大于1的因子，共解释了71.848%的总变异，其中最大的一个因子仅解释了19.074%的总变异；对调查问卷中所有测量地方政府行为的问项进行探索性因子分析（EFA），分析结果中地方政府行为的探索性因子分析中得到5个特征值大于1的因子，共解释了75.326%的总变异，其中最大的一个因子仅解释了22.179%的总变异。检验结果表明共同方法变异影响在本研究中并不严重。

4. 样本容量。结构方程模型（SEM）对样本容量的要求较高，至少在100以上，才能使用极大似然法对结构模型进行估计（Harlow et al.，1995）。本调查问卷在苏州和常州两地分别收集到中小型制造样本企业的有效问卷310份和251份，共计561份，样本总量和两地样本量都分别超过了结构方程的最低样本容量要求。

第四章

苏南民营企业竞争优势来源实证分析

本章是在对调查过程中获得的样本企业数据进行统计分析，验证本研究中提出的假设，并对统计检验的结果进行逻辑分析。具体包括：统计方法简述、苏南民营企业竞争优势要素体系的实证分析、地方政府行为的实证分析、地方政府行为对民营企业竞争优势要素作用机制的实证分析、实证分析结果及讨论。

一、统计方法概述

本研究所用的统计分析方法主要从三个方面体现：一是探索性因子分析；二是验证性因子分析；三是结构方程建模。首先对苏州、常州两市测量变量的总体结构进行探索性因子分析（Exploratory Factor Analysis，EFA），以便求证构想变量测量的可信性和有效性；再运用验证性因子分析（Confirmatory Factor Analysis，CFA），对结构模型内部因果关系进行检验，检验模型潜在外生变量与潜在内生变量之间的因果关系，同时对第三章所建立的地方政府行为对民营企业竞争优势要素作用机制的模型和相应假设进行进一步检验。

（一）样本数据信度、效度检验

对样本数据的信度（Reliability）进行检验是进行统计分析前的必要工作。信度表示对同样的对象，运用同样的观测方法得出同样测量数据的可能性，以便衡量测量变量的一致性和稳定性。在李克特量表中常用的信度检验指标是 Cronbach's α 系数，α 系数超过 0.7 则表明测量变量具有可以接受的信度（Peterson，1994）。本书采用 α 系数来检验样本数据各问题之间的内部一致性。

按照 Nunnally（1978）的标准，α > 0.9 为信度非常好，0.7 < α < 0.9 为高信度，0.35 < α < 0.7 代表中等信度，α < 0.35 代表低信度。

效度（Validity）检验，本书主要指构思效度（Construct Validity）。构思效度的检验主要包括聚合效度（Convergent Validity）和辨别效度（Discriminant Validity）检验。在验证性因子分析中，构思的平均抽取方差（Average Variance Extracted，AVE）表明构思中各维度能够解释多少变异，是聚合效度的衡量指标，AVE 超过 0.50，则表明构思具有充分的聚合效度（Fornell & Larcher，1981）。构思变量具有充分的辨别效度意味着项目相应维度上的负荷要大于其他维度上的负荷。如果两个变量之间的相关系数小于这两个构思变量的 AVE 均方根，则模型的辨别效度得到支持（Fornell & Larcher，1981），更为直观的判断方法是当对角线上的 AVE 同时大于相应行列中的相关系数时，构思就具有足够的辨别效度（Shamir et al.，1998）。本书运用 SPASS17.0 和 AMOS18.0 软件，通过探索性因子分析（EFA）和验证性因子分析（CFA），对地方政府行为和苏南两市民营企业竞争优势各要素测量变量的构思效度进行检验。

对样本数据进行信度与效度检验后，还有必要对样本数据进行相关分析。相关分析的目的是初步检查变量之间是否存在相互影响，它反映的是相互作用的可能性，而不反映因果关系。通过相关分析，可以初步判断模型设置或假设是否合理，也可以根据变量相关程度决定是否做共线性检测。本书运用 SPASS 17.0 对各变量的均值做 Pearson 相关分析。按照威廉（1992）的分类标准，相关系数大于 0.7 为高度相关，介于 0.4 ~ 0.7 为中等相关，小于 0.4 为低度相关。

（二）探索性因子分析与验证性因子分析

在进行探索性因子分析前，应该对数据进行 KMO（Kaiser-Meyer-Olkin）样本测度和 Bartlett's 球体检验，以便验证数据是否适合做因子分析。本研究在探索性因子分析中，采用最大方差主成分分析法。通常认为：KMO 在 1.0 以上，非常适合；KMO 在 0.8 ~ 0.9 之间，很适合；KMO 在 0.7 ~ 0.8 之间，适合；KMO 在 0.6 ~ 0.7 之间，不太适合；KMO 在 0.5 ~ 0.6 之间，很勉强；KMO 在 0.5 以下，不适合；即一般认为 KMO 值越接近 1 表明样本数据越适合做因子分析，小于 0.7 时不适合做因子分析。

验证性因子分析是对探索性因子分析得出的结论加以证实，本研究主要运用结构方程模型分析，采用极大似然法进行验证性因子分析。探索性因子分析在研究未知构思结构时具有优势，验证性因子分析则为假设模型提供有意义的检验和拟合指标（Church & Burke，1994）。二者相比，验证性因子分析在相关理论的基础上，通过具体的限制使理论和测量相互融合（McDonald & Marsh，1990）。

（三）结构方程模型分析及其主要拟合指标

结构方程模型是一种综合运用多元回归分析、路径分析等多种方法来处理因果关系模型的统计分析工具，它虽然利用联立方程组求解，但没有很严格的假定限制条件，同时允许自变量和因变量存在测量误差。因此，结构方程是近年来在社会学、经济学、管理学、心理学等方面广泛应用的统计建模技术。应用结构方程有五个主要步骤：（1）模型设定。即在进行模型估计之前，研究者先要根据有关理论和过去的研究成果对假设变量之间的关系进行设定，建立初始理论模型。（2）模型识别。在这一环节里主要是看能否依据研究数据对模型中的位置参数求得唯一解。（3）模型估计。对于模型的估计一般采用最大似然法和广义最小二乘法。(4) 模型评价。依据模型参数估计值对模型与数据之间的拟合情况进行评价,并对所有备选模型的拟合指标进行对比分析。(5) 模型修正。一旦出现模型与数据拟合不好的情况,研究人员需要进行模型的修正与再次设定。

评价结构方程模型的好坏需要依靠一系列的指标——模型拟合指数。一个理想的拟合指数,应当具有三方面特征(侯杰泰等,2004):第一,与样本容量 N 无关,即拟合指数不受样本容量的系统影响;第二,惩罚复杂的模型,即拟合指标不受要根据模型参数多寡而做调整,惩罚参数多的模型;第三,对误设模型敏感,即如果所拟合的模型不真,拟合指数能反映拟合不好。

在结构方程模型中,通常可以采取以下几个拟合指标来判断一个模型是否可以被接受:x^2(卡方)和 x^2/DF 检验、RMSEA(根均方误差)、NFI(标准拟合指数)、CFI(比较拟合指数)、GFI(拟合优度)、AGFI(校正拟合优度)、TLI(非标准拟合指数,又称 NNFI)。当 x^2 值的显著性 $P \geqslant 0.05$ 时模型是可以接受的,但这一指数在应用时需要结合自由度或其他指数(玛德斯科等,Medsker et al.,1994);x^2/DF 是直接检验样本的协方差矩阵和估计的协方差矩阵之间相似程度的统计量,x^2/DF 的理论期望值为 1。x^2/DF 越接近 1,说明样本的协方差矩阵和估计的协方差矩阵之间相似程度越大,模型的拟合度越好。在实际研究中,当 x^2/DF 小于 5 时,可以认为模型的拟合度较好,尤其在 x^2/DF 小于 3 时,可以放松对 x^2 值的显著性要求。RMSEA 对错误模型比较敏感,容易解释模型的质量。一般认为 RMSEA 小于 0.05 时表示模型完全拟合(Closely Fit);RMSEA 小于 0.08 时表示拟合得较好(Fair Fit);RMSEA 小于 0.10 表示模型中等拟合(Medious Fit);RMSEA 大于 0.1 则表明模型拟合得很差(Poor Fit)。其他 5 个指标的取值一般在 0~1 之间,当它们大于 0.9 时说明模型的拟合度较好,且越接近 1 越好。其中 CFI

的指标值不受样本大小影响，在实际研究过程中需要加以特别关注。根据结构方程原理及参考近年来与本研究相关的研究实证，本书重点报告 x^2、DF、x^2/DF、RMSEA、GFI、NFI 和 CFI 七个拟合指数。此外，本书用与路径系数相应的临界值 C. R.（Critical Ratio）来检验模型中的路径系数，一般当路径的 C. R. 值大于 1. 96 的参考值时，说明该路径系数至少在 P = 0. 05 的水平上，具有统计显著性。

二、苏南民营企业竞争优势要素体系的实证分析

（一）苏南两市民营企业竞争优势要素体系的探索性因子分析

1. KMO 测度和 Bartllet's 球体检验。对第一组样本中的民营企业竞争优势要素体系测量量表中 49 个内生显变量的 KMO 测度和 Bartllet's 球体检验结果参见表 4. 1。结果显示 KMO 值为 0. 962，大于通常的 0. 5 标准；同时 Bartllet's 球体检验得出的相伴概率为 0. 000，在 0. 05 显著性水平下，拒绝零假设，说明数据适合做探索性因子分析。

表 4. 1   **KMO 和 Bartllet's 检验（N = 561）**

取样足够度的 Kaiser-Meyer-Olkin 度量		0. 962
Bartlett 的球形度检验	近似卡方	22011. 986
	df	1176
	sig.	0. 000

2. 探索性因子分析。对样本中的民营企业竞争优势要素体系各测量变量的探索性因子分析结果如表4.2、表4.3所示。结果显示，在取特征值大于1的主成分作为因子后，根据 Kaiser 准则和 Cattell 标准，采用碎石图陡阶分析，49 个民营企业竞争优势要素变量被萃

取为 8 个主因子, 共解释了总方差的 71.848% (见表 4.3); 每个因子均涵盖了若干载荷大于 0.5 的变量, 因此可以看出各因子中的变量有较显著的相关性。证实了探索性因子分析结果与指标设置时各变量的构思完全一致, 说明企业竞争优势要素体系测量问卷具有较好的构思效度。

表 4.2 民营企业竞争优势要素体系各测量变量的探索性因子分析结果 (N = 561)

因子名称	问项	因子载荷 (旋转后)							
		1	2	3	4	5	6	7	8
生产设备资源	SCSB1	0.215	0.202	0.658	0.239	0.158	0.177	0.194	0.048
	SCSB2	0.243	0.170	0.788	0.148	0.153	0.111	0.095	0.118
	SCSB3	0.190	0.200	0.754	0.212	0.150	0.069	0.142	0.070
	SCSB4	0.246	0.189	0.699	0.242	0.122	0.158	0.115	0.102
	SCSB5	0.219	0.131	0.794	0.119	0.089	0.128	0.107	0.126
人力资源	RLZY1	0.272	0.302	0.407	0.541	0.105	0.115	0.008	-0.128
	RLZY2	0.348	0.301	0.342	0.596	0.026	0.106	0.079	-0.107
	RLZY3	0.400	0.238	0.141	0.605	0.130	0.089	0.179	-0.075
	RLZY4	0.325	0.301	0.192	0.642	0.147	0.100	0.171	-0.100
	RLZY5	0.200	0.146	0.173	0.709	0.167	0.119	0.091	0.173
	RLZY6	0.108	0.071	0.154	0.730	0.301	0.063	0.106	0.316
	RLZY7	0.156	0.171	0.136	0.777	0.229	0.081	0.114	0.238
关系资源	GXZY1	0.274	0.111	0.286	0.098	0.071	0.506	0.428	-0.004
	GXZY2	0.185	0.100	0.149	0.072	0.159	0.811	0.101	0.084
	GXZY3	0.167	0.065	0.048	0.165	0.159	0.839	0.096	0.026
	GXZY4	0.178	0.117	0.202	0.068	0.143	0.788	0.189	0.062
	GXZY5	0.357	0.160	0.183	0.082	0.041	0.223	0.721	0.088
	GXZY6	0.332	0.201	0.206	0.147	0.077	0.256	0.633	0.179
	GXZY7	0.292	0.145	0.130	0.230	0.063	0.174	0.597	0.126

续表

因子名称	问项	因子载荷（旋转后）							
		1	2	3	4	5	6	7	8
生产制造能力	SCZZ1	0.072	0.013	0.038	0.133	0.766	0.189	-0.142	0.170
	SCZZ2	0.036	0.037	0.094	0.123	0.826	0.159	-0.071	0.159
	SCZZ3	0.191	0.168	0.178	0.214	0.718	0.059	0.228	-0.048
	SCZZ4	0.159	0.225	0.166	0.246	0.669	0.037	0.322	-0.017
	SCZZ5	0.217	0.271	0.190	0.269	0.485	0.068	0.404	-0.088
	SCZZ6	0.176	0.486	0.160	0.116	0.350	0.080	0.379	-0.097
	SCZZ7	0.226	0.194	0.326	0.029	0.413	0.162	0.111	-0.113
组织管理能力	ZZGL1	0.320	0.705	0.263	0.119	0.108	0.112	0.121	0.121
	ZZGL2	0.328	0.751	0.252	0.214	0.117	0.112	0.116	0.084
	ZZGL3	0.372	0.750	0.147	0.224	0.115	0.102	0.149	0.081
	ZZGL4	0.389	0.733	0.133	0.227	0.077	0.076	0.161	0.074
	ZZGL5	0.538	0.501	0.239	0.295	0.096	0.058	0.058	0.123
	ZZGL6	0.380	0.609	0.174	0.317	0.160	0.149	0.049	0.254
	ZZGL7	0.458	0.550	0.246	0.231	0.167	0.122	0.114	0.195
营销能力	YXNL1	0.529	0.392	0.332	0.117	0.105	0.096	0.121	0.371
	YXNL2	0.525	0.336	0.315	0.148	0.088	0.006	0.210	0.421
	YXNL3	0.393	0.279	0.245	0.218	0.153	0.261	0.096	0.463
	YXNL4	0.404	0.323	0.207	0.187	0.082	0.173	0.260	0.502
	YXNL5	0.418	0.338	0.258	0.277	0.129	0.198	0.072	0.433
	YXNL6	0.336	0.446	0.156	0.199	0.176	-0.047	0.265	0.396
企业家能力	QYJ1	0.736	0.232	0.196	0.206	0.073	0.090	0.168	0.160
	QYJ2	0.732	0.143	0.145	0.109	0.075	0.083	0.171	0.187
	QYJ3	0.751	0.197	0.197	0.149	0.093	0.112	0.044	0.107
	QYJ4	0.748	0.083	0.144	0.073	0.091	0.218	0.135	0.112
	QYJ5	0.773	0.285	0.172	0.201	0.135	0.105	0.156	-0.007
	QYJ6	0.743	0.295	0.183	0.161	0.147	0.110	0.233	-0.013

续表

因子名称	问项	因子载荷（旋转后）							
		1	2	3	4	5	6	7	8
企业家能力	QYJ7	0.743	0.243	0.174	0.304	0.124	0.159	0.141	0.018
	QYJ8	0.784	0.186	0.145	0.212	0.137	0.144	0.141	0.048
	QYJ9	0.744	0.315	0.175	0.200	0.126	0.146	0.147	0.021
	QYJ10	0.706	0.284	0.138	0.117	0.053	0.129	0.210	0.043

提取方法：主成分分析法。
旋转法：具有 Kaiser 标准化的正交旋转法。
a. 旋转在 8 次迭代后收敛。

表 4.3　　　　　　　　　　总方差分析表（N = 561）

成份	初始特征值			旋转平方和载入		
	合计	方差的%	累积%	合计	方差的%	累积%
1	22.887	46.709	46.709	9.346	19.074	19.074
2	2.939	5.999	52.707	5.515	11.256	30.330
3	2.282	4.657	57.364	4.637	9.464	39.794
4	1.857	3.790	61.153	4.591	9.370	49.164
5	1.516	3.093	64.247	3.485	7.113	56.277
6	1.364	2.783	67.030	3.056	6.237	62.514
7	1.281	2.614	69.644	2.775	5.664	68.177
8	1.080	2.205	71.848	1.799	3.671	71.848

提取方法：主成分分析法。

　　3. 相关分析。根据探索性因子分析结果，对样本中的民营企业竞争优势各要素均值进行相关性分析，分析结果参见表 4.4。从中可以看出，民营企业竞争优势各要素均值之间的相关系数在 0.504 ~ 0.792 之间，说明各要素间存在中等的正相关，要素之间的共同变异不是很高，因此可以对探索性分析结果进行深入分析。

表 4.4　　　　　民营企业竞争优势各来源要素的相关分析（N = 561）

	生产设备资源	人力资源	关系资源	生产制造能力	组织管理能力	营销能力	企业家能力
生产设备资源	1						
人力资源	0.620 **	1					
关系资源	0.547 **	0.526 **	1				
生产制造能力	0.528 **	0.610 **	0.528 **	1			
组织管理能力	0.621 **	0.694 **	0.558 **	0.554 **	1		
营销能力	0.645 **	0.660 **	0.599 **	0.550 **	0.792 **	1	
企业家能力	0.583 **	0.637 **	0.621 **	0.504 **	0.765 **	0.769 **	1

**. 在 0.01 水平（双侧）上显著相关。

（二）苏南两市民营企业竞争优势要素体系的验证性因子分析

1. 验证性因子分析。本书要研究的问题是地方政府行为对民营企业竞争优势要素的影响及影响机制，地方政府行为与民营企业竞争优势要素之间的相互关系。由于苏州、常州在市场化的过程中，地方政府行为是有差异的，因此，民营企业竞争优势所体现的企业要素与能力会与当地政府行为之间呈现出差异。在实证分析过程，本书分别对两地总样本及两地分样本做实证，以求总量验证及捕捉两地所能表现出的差异。

采用所有样本数据，对民营企业竞争优势要素体系各测量变量进行验证性因子分析。在测量模型中，探索性因子分析所抽取的设备资源、人力资源、关系资源、生产制造能力、组织管理能力、营销能力和企业家能力 7 大因子代表了民营企业竞争优势的 7 个来源要素。苏南及其两市测量模型的主要参数和拟合指数分别如图 4.1、图 4.2、图 4.3 和表 4.5、表 4.6、表 4.7 所示。

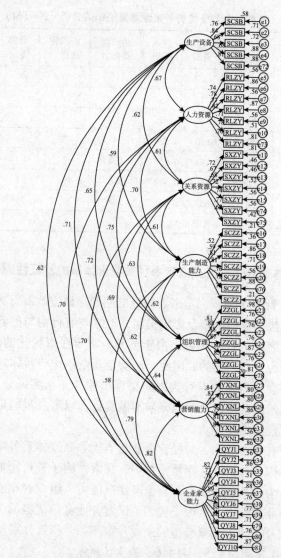

图 4.1　苏南民营企业竞争优势要素体系的测量模型

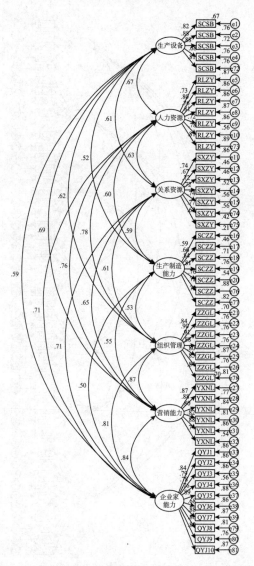

图 4.2　苏州民营企业竞争优势要素体系的测量模型

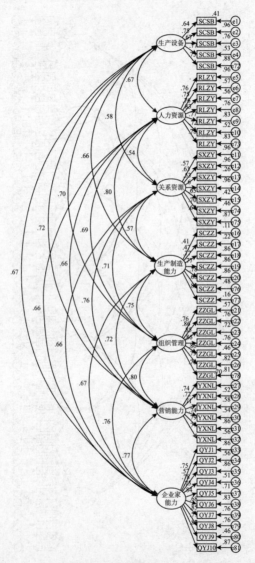

图 4.3　常州民营企业竞争优势要素体系的测量模型

**表4.5　　　　　苏南民营企业竞争优势要素体系测量
模型的拟合指数（N＝561）**

拟合指标	x^2	P	DF	x^2/DF	RMSEA	GFI	NFI	CFI
数值	4810.495	0.000	1106	4.349	0.077	0.706	0.806	0.843

注：x^2卡方；DF：自由度；RMSEA：根均方误差；GFI：拟合优度；NFI：标准拟合指数；CFI：比较拟合指数，下同。

**表4.6　　　　苏州民营企业竞争优势要素体系
测量模型的拟合指数（N＝310）**

拟合指标	x^2	P	DF	x^2/DF	RMSEA	GFI	NFI	CFI
数值	3791.85	0.000	1106	3.43	0.070	0.640	0.906	0.824

**表4.7　　　　常州民营企业竞争优势要素体系测量
模型的拟合指数（N＝251）**

拟合指标	x^2	P	DF	x^2/DF	RMSEA	GFI	NFI	CFI
数值	3263.75	0.000	1106	2.95	0.065	0.630	0.864	0.865

从图4.1可以看出，苏南民营企业竞争优势要素体系中各测量项目的标准化路径系数在0.52~0.89之间，各要素之间的标准化路径系数在0.58~0.84之间。从图4.2可以看出，苏州民营企业竞争优势要素体系中各测量项目的标准化路径系数在0.57~0.89之间，各要素之间的标准化路径系数在0.53~0.87之间。从图4.3可以看出，常州民营企业竞争优势要素体系中各测量项目的标准化路径系数在0.42~0.87之间，各要素之间的标准化路径系数在0.54~0.80之间。以上苏南及其两市模型分析结果显示，所有路径的C.R.值均在5.0以上，远大于1.96的参考临界值，且所有标准化路径值至少在P＝0.01的水平上具有统计上的显著性。

表4.5的拟合结果表明，x^2值为4810.495（DF＝1106），x^2/DF的值为4.349＜5，表明模型拟合度较好；测量模型的RMSEA值为0.077，小于0.08，说明模型拟合较好，GFI、NFI和CFI的值分别为

0.706、0.806 和 0.803，都在可接受的范围内。

表 4.6 的拟合结果表明，x^2 值为 3791.85（DF = 1106），x^2/DF 的值为 3.43 < 5，表明模型拟合度较好；测量模型的 RMSEA 值为 0.070，小于 0.08，说明模型拟合较好，NFI 值为 0.906，大于 0.9，GFI、CFI 的值分别为 0.706、0.824，均在可接受范围内。

表 4.7 的拟合结果表明，x^2 值为 3263.75（DF = 1106），x^2/DF 的值为 2.95 < 5，表明模型拟合度较好；测量模型的 RMSEA 值为 0.065，小于 0.08，说明模型拟合较好，GFI、NFI 和 CFI 值分别为 0.630、0.864、0.865，均在可接受范围内。

综上所述，可知苏南及其苏州、常州两市民营企业竞争优势要素体系测量模型拟合良好，模型是有效的。

2. 二阶模型的验证性因子分析。好的结构模型既简单又能准确描述数据中各变量的关系。从图 4.1、图 4.2 和图 4.3 可以看出，苏南及其苏州、常州民营企业竞争优势要素体系的一阶测量模型虽然有效但较为复杂，所以我们可以尝试提出一个更简单的模型。假设有一个普遍的民营企业竞争优势二阶要素，影响各一阶要素的表现。即将 49 个反映 7 个一阶因子间的相关关系，改由 7 个参数（二阶因子与一阶因子的关系）替代。二阶模型因为用一个二阶因子去表达一阶因子间的关系，x^2 值必然较大，DF 也增加，但只要二阶模型能够拟合数据，且与一阶模型相比增加 x^2 的值达不到显著水平，就认为这个二阶模型足以反映各一阶因子的关系，它是一个既简单又准确描述数据关系的模型（侯杰泰、温忠麟、成子娟，2004）。

对民营企业竞争优势要素体系测量模型抽取二阶因子的验证性因子分析结果见图 4.4、图 4.5、图 4.6 和表 4.8、表 4.9、表 4.10。从图 4.4、图 4.5、图 4.6 可以看出，二阶模型中各测量项目的标准化路径系数均大于 0.6。且模型分析结果显示，各路径 C. R. 的值均在 5.0 以上，远大于 1.96 的参考临界值，且所有标准化路径值至少在 P = 0.01 的水平上具有统计上的显著性。

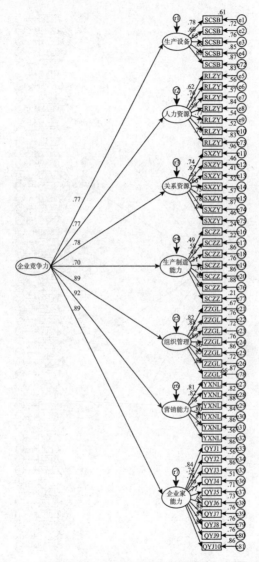

图 4.4　苏南民营企业竞争优势要素体系的二阶模型

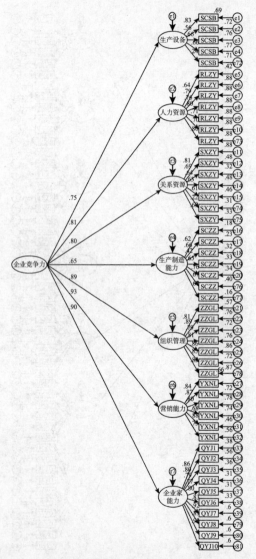

图 4.5　苏州民营企业竞争优势要素体系的二阶模型

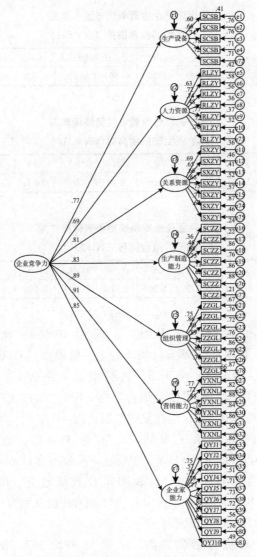

图 4.6 常州民营企业竞争优势要素体系的二阶模型

表4.8　　　　苏南民营企业竞争优势要素体系
二阶模型的拟合指数（N=561）

拟合指标	x^2	P	DF	x^2/DF	RMSEA	GFI	NFI	CFI
数值	4958.40	0.000	1126	4.404	0.076	0.701	0.800	0.837

表4.9　　　　苏州民营企业竞争优势要素体系
二阶模型的拟合指数（N=310）

拟合指标	x^2	P	DF	x^2/DF	RMSEA	GFI	NFI	CFI
数值	3920.87	0.000	1126	3.48	0.092	0.634	0.908	0.871

表4.10　　　　常州民营企业竞争优势要素体系二阶
模型的拟合指数（N=251）

拟合指标	x^2	P	DF	x^2/DF	RMSEA	GFI	NFI	CFI
数值	3350.743	0.000	1126	2.976	0.089	0.624	0.879	0.857

表4.8 的拟合结果表明，x^2 值为 4958.4，比一阶模型（4810.495）有增加，DF=1126，也比一阶模型（1106）有增加；x^2/DF 的值为 4.404，小于 5，表明拟合效果较好。RSMEA 值 0.076，小于 0.08，说明模型拟合较好；GFI、NFI、CFI 值分别为 0.701、0.800 和 0.837，均在允许范围之内。

表4.9 的拟合结果表明，x^2 值为 3920.87，比一阶模型（3791.85）有增加，DF=1126，也仅比一阶模型（1106）略有增加；x^2/DF 的值为 3.48，小于 5，表明拟合效果较好。RSMEA 值 0.092，小于 0.1，中度拟合；GFI、NFI 和 CFI 值分别为 0634、0.908 和 0.871，均在允许范围之内。

表4.10 的拟合结果表明，x^2 值为 3920.387，比一阶模型（3350.743）有增加，DF=1126，也仅比一阶模型（1106）略有增加；x^2/DF 的值为 2.976，小于 5，表明拟合效果较好。此外，模型

的 RSMEA 值为 0. 089，小于 0. 1，中度拟合；GFI、NFI 和 CFI 值分别为 0. 624、0. 879 和 0. 857，均在允许范围之内。

综上所述，可知苏南及其苏州、常州两市民营企业竞争优势要素体系的二阶模型拟合良好，可以用二阶模型来有效替代一阶模型。

（三）信度和效度检验

1. 信度检验。根据对苏南民营企业竞争优势要素体系测量变量的探索性因子分析和验证性因子分析结果，对苏南民营企业竞争优势要素体系中的设备资源、人力资源、关系资源、生产制造能力、组织管理能力、营销能力和企业家能力各因子进行信度检验，得出各因子的 Cronbach's α 系数分别为 0. 91、0. 908、0. 868、0. 861、0. 847、0. 945、0. 911 和 0. 956 均大于 0. 7（参见表 4. 11）。由此可见，对苏南民营企业竞争优势要素体系的测量具有较高的内部一致性。

表 4. 11　　　　　**民营企业竞争优势要素体系各**
因子的 Cronbach's α 系数（N = 561）

	生产设备资源	人力资源	关系资源	生产制造能力	组织管理能力	营销能力	企业家能力
α 系数	0. 91	0. 908	0. 869	0. 847	0. 945	0. 911	0. 956
项目数	5	7	7	7	7	6	10

2. 效度检验。如前所述，苏南民营企业竞争优势要素体系测量量表已有较好的内容效度。从探索性因子分析和验证性因子分析的结果来看，苏南民营企业竞争优势要素体系测量量表已有基本的信度和效度。现根据验证性因子分析结果，对测量量表的聚合效度和辨别效度做进一步分析。苏南民营企业竞争优势各来源要素之间的

相关系数和平均抽取方差参见表 4.12。从表 4.12 中可知，所有苏南民营企业竞争优势来源要素的 AVE 都大于 0.50，数值范围为 0.536～0.768，说明苏南民营企业竞争优势要素体系测量模型具有充分的聚合效度。比较对角线上的 AVE 与相应行列中的相关系数，发现生产设备资源、人力资源、关系资源、生产制造能力、组织管理能力要素均完全符合检验标准，因而具有充分的辨别效度。而营销能力、企业家能力不完全符合检验标准，进一步采用 Fornell 和 Larcher（1981）的检验方法，发现营销能力和人力资源之间的相关系数（0.542）小于两要素 AVE 的均方根（0.652），而营销能力和组织管理能力之间的相关系数 0.646 略大于两要素 AVE 均方根 0.562；企业家能力和组织管理能力之间的相关系数 0.622 略大于两要素 AVE 均方根 0.582，企业家能力与营销能力之间的相关系数 0.646 略大于两要素 AVE 均方根 0.556；考虑在实践和理论研究中，营销能力、企业家能力、组织管理能力之间具有一定的区分难度，其余 17 组要素关系之间都有足够的辨别效度。所以总体上讲苏南民营企业竞争优势要素体系的测量模型具有比较充分的辨别效度。

表 4.12　　　　　　　民营企业竞争优势各来源要素的相关
系数和平均抽取方差（N = 561）

	生产设备资源	人力资源	关系资源	生产制造能力	组织管理能力	营销能力	企业家能力
生产设备资源	(0.618)						
人力资源	0.507 **	(0.768)					
关系资源	0.450 **	0.446 **	(0.551)				
生产制造能力	0.415 **	0.492 **	0.409 **	(0.607)			
组织管理能力	0.499 **	0.575 **	0.462 **	0.422 **	(0.587)		
营销能力	0.507 **	0.542 **	0.493 **	0.425 **	0.646 **	(0.536)	
企业家能力	0.479 **	0.495 **	0.508 **	0.362 **	0.622 **	0.640 **	(0.576)

注：对角线括号内的数值为平均抽取方差（AVE）。

（四）样本数据描述分析和比较分析

1. 样本数据描述分析。根据探索性因子分析和验证性因子分析结果，对苏南及其苏州、常州两市民营企业竞争优势要素体系进行描述性统计，统计结果参见表4.13、表4.14、表4.15。从表4.13可以看出，苏南民营企业竞争优势各要素均值处于4.581～5.146之间，评价比较高，处于中等偏上水平。从表4.14中看出，苏州民营企业竞争优势各要素均值处于4.5964～5.9713，评价较高，其中企业家能力均值5.0413，为苏州各要素评价最高因素；从表4.15中看出，常州民营企业竞争优势各要素均值处于4.7814～5.2745，最低与最高之间的差距小，7项要素中均值低于5的有人力资源和生产制造能力两项。

表4.13　　民营企业竞争优势各来源要素的描述统计（N＝561）

	生产设备资源	人力资源	关系资源	生产制造能力	组织管理能力	营销能力	企业家能力
样本量	561	561	561	561	561	561	561
最小值	2.20	1.14	2.57	1.14	1.00	2.33	1.90
最大值	6.00	6.00	6.00	6.00	6.00	6.00	6.00
平均值	4.949	4.710	4.970	4.581	5.015	5.054	5.146
标准差	0.786	0.876	0.742	0.779	0.766	0.731	0.759

表4.14　　苏州民营企业竞争优势各来源要素的描述统计（N＝310）

苏州	生产设备资源	人力资源	关系资源	生产制造能力	组织管理能力	营销能力	企业家能力
样本量	310	310	310	310	310	310	310
极小值	2.20	1.57	2.57	1.14	1.71	2.83	1.90
极大值	6.00	6.00	6.00	6.00	6.00	6.00	6.00
均值	4.8219	4.5964	4.8165	4.4191	4.9507	4.9713	5.0413
标准差	0.85735	0.88830	0.80968	0.79913	0.82846	0.79162	0.82292

表 4. 15　　　　常州民营企业竞争优势各来源要素的描述统计（N = 251）

常州	生产设备资源	人力资源	关系资源	生产制造能力	组织管理能力	营销能力	企业家能力
样本量	251	251	251	251	251	251	251
极小值	2. 60	1. 14	2. 57	2. 14	1. 00	2. 33	1. 90
极大值	6. 00	6. 00	6. 00	6. 00	6. 00	6. 00	6. 00
均值	5. 1052	4. 8495	5. 1593	4. 7814	5. 0951	5. 1555	5. 2745
标准差	0. 65612	0. 84257	0. 59915	0. 70457	0. 67454	0. 63603	0. 65010

　　2. 样本数据比较分析。苏州、常州两个区域的竞争优势要素数据（见表 3. 36、表 3. 37）分别进行偏度和峰度检验，各样本数据的偏度和峰度值均小于 2，且偏度值均小于其标准误的两倍，说明各企业竞争优势要素基本符合正态分布条件；两个区域样本数据的方差齐性检验结果参见表 4. 16，结果显示两个区域样本数据在竞争优势各来源要素上的显著性均大于 0. 05，可认为两个区域的样本方差满足方差齐性检验条件；本研究在各区域间的问卷调查满足独立性条件。所以，苏州、常州两个区域样本数据均满足正态性、方差齐性和独立性条件，可以进行进一步方差分析。

表 4. 16　　　　　　　　　方差齐性检验

	Levene 统计量	df1	df2	显著性
生产设备资源	6. 438	1	559	0. 011
人力资源	2. 120	1	559	0. 146
关系资源	6. 050	1	559	0. 014
生产制造能力	3. 487	1	559	0. 062
组织管理能力	2. 869	1	559	0. 091
营销能力	3. 693	1	559	0. 055
企业家能力	2. 419	1	559	0. 120

对苏州、常州两个区域竞争优势要素样本数据的单因素方差分析结果如表 4.17 所示。结果表明，在 $P < 0.05$ 的水平上，苏州、常州两个区域的民营企业在人力资源（F 值 = 6.830，显著性 = 0.009）、关系资源值（F 值 = 15.477，显著性 = 0）、生产制造能力（F 值 = 13.148，显著性 = 0）、组织管理能力（F 值 = 11.916，显著性 = 0.001）、营销能力（F 值 = 15.018，显著性 = 0.000）、企业家能力（F 值 = 23.848，显著性 = 0.000）6 类企业竞争优势来源要素上具有显著差异。

表 4.17　　　苏南民营企业样本数据的单因素方差分析

		平方和	df	均方	F	显著性
生产设备资源	组间	2.280	1	2.280	3.709	0.055
	组内	343.602	559	0.615		
	总数	345.881	560			
人力资源	组间	5.193	1	5.193	6.830	0.009
	组内	424.997	559	0.760		
	总数	430.190	560			
关系资源	组间	8.315	1	8.315	15.477	0.000
	组内	300.302	559	0.537		
	总数	308.617	560			
生产制造能力	组间	7.805	1	7.805	13.148	0.000
	组内	331.838	559	0.594		
	总数	339.643	560			
组织管理能力	组间	6.861	1	6.861	11.916	0.001
	组内	321.861	559	0.576		
	总数	328.722	560			

		平方和	df	均方	F	显著性
	组间	7.835	1	7.835	15.018	0.000
营销能力	组内	291.649	559	0.522		
	总数	299.484	560			
	组间	13.194	1	13.194	23.848	0.000
企业家能力	组内	309.258	559	0.553		
	总数	322.452	560			

三、地方政府行为的实证分析

（一）地方政府行为的探索性因子分析

1. KMO 测度和 Bartlett's 球体检验。对苏南民营企业竞争优势要素体系测量量表中 32 个内生显变量的 KMO 测度和 Bartllet's 球体检验结果参见表 4.18。结果显示 KMO 值为 0.953，大于通常的 0.5 标准；同时 Bartllet's 球体检验得出的相伴概率为 0.000，在 0.05 显著性水平下，拒绝零假设，说明数据适合做探索性因子分析。

表 4.18　　　　　　　**KMO 和 Bartllet's 检验（N = 561）**

取样足够度的 Kaiser-Meyer-Olkin 度量		0.953
	近似卡方	17823.239
Bartlett 的球形度检验	df	496
	sig.	0.000

2. 探索性因子分析。对样本中的地方政府行为要素体系各测量变量的探索性因子分析结果如表 4.19 所示。结果显示，在取特征值大于 1 的主成分作为因子后，根据 Kaiser 准则和 Cattell 标

准，采用碎石图陡阶分析，32 个地方政府行为要素变量被萃取为
5 个主因子，共解释了总方差的 75.326%（见表 4.20）；每个因
子均涵盖了若干载荷大于 0.5 的变量，因此可以看出各因子中的
变量有较显著的相关性。证实了探索性因子分析结果与指标设置
时各变量的构思完全一致，说明地方政府行为测量问卷具有较好
的构思效度。

表 4.19　　　　　　　地方政府行为各测量变量的探索性
因子分析结果（N=561）

因子名称	问项	因子载荷（旋转后）				
		1	2	3	4	5
政府直接行为	ZFXW1	0.212	0.813	0.111	0.247	0.016
	ZFXW2	0.141	0.821	0.100	0.103	0.076
	ZFXW3	0.162	0.796	0.111	0.132	0.073
	ZFXW4	0.249	0.833	0.116	0.124	0.129
	ZFXW5	0.238	0.844	0.166	0.112	0.117
开发区政策	KFQZC1	0.603	0.569	0.098	0.188	0.108
	KFQZC2	0.630	0.507	0.092	0.242	0.115
	KFQZC3	0.730	0.290	0.139	0.180	0.288
	KFQZC4	0.794	0.291	0.165	0.231	0.201
	KFQZC5	0.830	0.213	0.163	0.174	0.244
	KFQZC6	0.849	0.136	0.236	0.154	0.179
	KFQZC7	0.855	0.098	0.208	0.179	0.137
	KFQZC8	0.809	0.133	0.273	0.195	0.150
	KFQZC9	0.785	0.226	0.289	0.214	0.181
	KFQZC10	0.758	0.232	0.311	0.211	0.121

续表

因子名称	问项	因子载荷（旋转后）				
		1	2	3	4	5
产业政策	CYJS1	0.264	0.072	0.301	0.138	0.751
	CYJS2	0.258	0.245	0.246	0.152	0.718
	CYJS3	0.272	0.198	0.304	0.256	0.662
	CYJS4	0.175	-0.003	0.270	0.298	0.717
	CYJS5	0.228	0.166	0.239	0.645	0.294
	CYJS6	0.178	0.106	0.214	0.729	0.262
	CYJS7	0.134	0.021	0.179	0.506	0.595
	CYJS8	0.261	0.243	0.190	0.734	0.091
	CYJS9	0.262	0.305	0.225	0.684	-0.009
	CYJS10	0.207	0.188	0.200	0.736	0.277
	CYJS11	0.215	0.087	0.234	0.615	0.406
城市化政策	CSH1	0.261	0.218	0.658	0.225	0.366
	CSH2	0.296	0.218	0.686	0.272	0.294
	CSH3	0.211	0.225	0.754	0.247	0.160
	CSH4	0.279	0.132	0.792	0.196	0.132
	CSH5	0.289	0.059	0.758	0.247	0.327
	CSH6	0.219	0.052	0.708	0.228	0.380

提取方法：主成分分析法。
旋转法：具有 Kaiser 标准化的正交旋转法，旋转在 7 次迭代后收敛。

表 4.20　　　　　总方差分析表（N = 561）

成份	初始特征值			旋转平方和载入		
	合计	方差的%	累积%	合计	方差的%	累积%
1	15.916	49.737	49.737	7.097	22.179	22.179
2	3.279	10.246	59.983	4.829	15.092	37.271
3	2.271	7.098	67.080	4.327	13.522	50.793

续表

成份	初始特征值			旋转平方和载入		
	合计	方差的%	累积%	合计	方差的%	累积%
4	1.484	4.637	71.717	4.175	13.045	63.839
5	1.155	3.609	75.326	3.676	11.487	75.326
提取方法：主成份分析。						

3. 相关分析。根据探索性因子分析结果，对样本中的地方政府行为各要素均值进行相关性分析，分析结果参见表4.21。从中可以看出，地方政府行为各要素均值之间的相关系数在 0.417 ~ 0.745之间，说明各要素间存在中等的正相关，要素之间的共同变异不是很高，因此可以对探索性分析结果进行深入分析。

表4.21　　　　民营企业竞争优势各来源要素的相关分析（N=561）

	政府直接行为	开发区政策	产业技术政策	城市化政策
政府直接行为	1			
开发区政策	0.571**	1		
产业技术政策	0.461**	0.656**	1	
城市化政策	0.417**	0.629**	0.745**	1
**. 在0.01水平（双侧）上显著相关。				

（二）地方政府行为的验证性因子分析

1. 验证性因子分析。采用所有样本数据，对地方政府行为要素体系各测量变量进行验证性因子分析。在测量模型中，探索性因子分析所抽取的政府直接行为、开发区政策、技术产业政策和城市化政策4大因子代表了地方政府行为4个来源要素。苏南及其两市测量模型的主要参数和拟合指数分别如图4.7、图4.8、图4.9和表4.22、表4.23、表4.24所示。

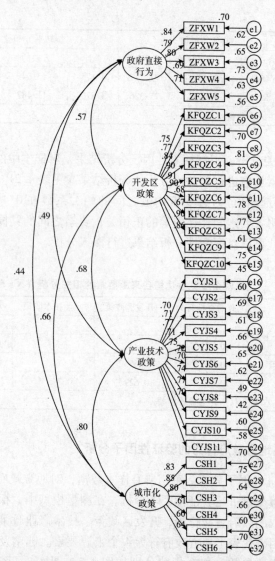

图 4.7　苏南地方政府行为要素体系的测量模型

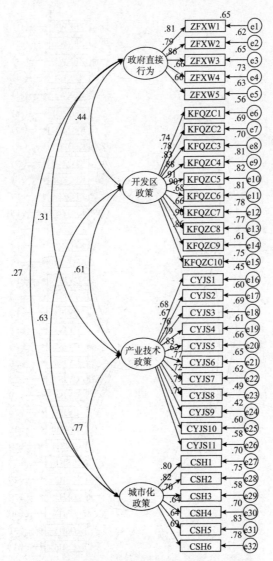

图 4.8　苏州地方政府行为要素体系的测量模型

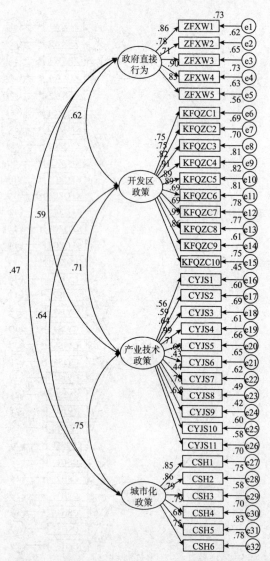

图 4.9 常州地方政府行为要素体系的测量模型

表 4. 22　　苏南地方政府行为要素体系一阶模型的拟合指数（N = 561）

拟合指标	x^2	P	DF	x^2/DF	RMSEA	GFI	NFI	CFI
数值	3368.097	0.000	1458	2.31	0.077	0.876	0.815	0.836

表 4. 23　　苏州地方政府行为要素体系一阶模型的拟合指数（N = 310）

拟合指标	x^2	P	DF	x^2/DF	RMSEA	GFI	NFI	CFI
数值	2476.377	0.000	1458	1.698	0.051	0.816	0.771	0.805

表 4. 24　　常州地方政府行为要素体系一阶模型的拟合指数（N = 251）

拟合指标	x^2	P	DF	x^2/DF	RMSEA	GFI	NFI	CFI
数值	1900.089	0.000	1458	1.303	0.07	0.912	0.757	0.803

　　从图 4.7 可以看出，苏南地方政府行为要素体系中各测量项目的标准化路径系数在 0.65 ~ 0.91 之间，各要素之间的标准化路径系数在 0.44 ~ 0.80 之间。从图 4.8 可以看出，苏州地方政府行为要素体系中各测量项目的标准化路径系数在 0.27 ~ 0.77 之间，各要素之间的标准化路径系数在 0.67 ~ 0.91 之间。从图 4.9 可以看出，常州地方政府行为要素体系中各测量项目的标准化路径系数在 0.47 ~ 0.75 之间，各要素之间的标准化路径系数在 0.39 ~ 0.93 之间。以上苏南及其两市模型分析结果显示，所有路径的 C. R. 值均在 5.0 以上，远大于 1.96 的参考临界值，且所有标准化路径值至少在 P = 0.01 的水平上具有统计上的显著性。

　　表 4.22 的拟合结果表明，x^2 值为 3368.097（DF = 1458），x^2/DF 的值为 2.31 < 5，表明模型拟合度较好；测量模型的 RMSEA 值为 0.077，小于 0.08，说明模型拟合较好，GFI、NFI 和 CFI 的值分别为 0.876、0.815 和 0.836，都在可接受的范围内。

　　表 4.23 的拟合结果表明，x^2 值为 2476.377（DF = 1458），x^2/DF 的值为 1.698 < 2，表明模型拟合度较好；测量模型的 RMSEA 值为 0.051，小于 0.08，说明模型拟合较好，NFI、GFI、CFI 的值分别为

0.771、0.816、0.805，均在可接受范围内。

表4.24 的拟合结果表明，x^2 值为 1900.089（DF = 1458），x^2/DF 的值为 1.303 < 2，表明模型拟合度较好；测量模型的 RMSEA 值为 0.07，小于 0.08，说明模型拟合较好，GFI 值为 0.912，大于 0.9，NFI 和 CFI 值分别为 0.757、0.803，均在可接受范围内。

综上所述，可知苏南及其苏州、常州两市地方政府行为要素体系测量模型拟合良好，模型是有效的。

2. 二阶模型的验证性因子分析。对苏南地方政府行为要素体系测量模型抽取二阶因子的验证性因子分析结果见图4.10、图4.11、图4.12 和表4.25、表4.26、表4.27。从图4.10、图4.11、图4.12 可以看出，二阶模型中各测量项目的标准化路径系数均大于 0.5。且模型分析结果显示，各路径 C.R. 的值均在 5.0 以上，远大于 1.96 的参考临界值，且所有标准化路径值至少在 P = 0.01 的水平上具有统计上的显著性。

表4.25 的拟合结果表明，x^2 值为 3920.87，比一阶模型（3368.07）有增加，DF = 1461，也仅比一阶模型（1458）略有增加；x^2/DF 的值为 2.335，小于 5，表明拟合效果较好。RSMEA、GFI、NFI、CFI 值分别为 0.087、0.876、0.813 和 0.833，均在允许范围之内。

表4.26 的拟合结果表明，x^2 值为 2526.426，比一阶模型（2476.337）有增加，DF = 1461，也仅比一阶模型（1458）略有增加；x^2/DF 的值为 1.729，小于 2，表明拟合效果较好。RSMEA 值为 0.073，小于 0.08，拟合较好；GFI、NFI 值和 CFI 值分别为 0.765、0.767 和 0.800，均在允许范围之内。

表4.27 的拟合结果表明，x^2 值为 1933.021，比一阶模型（1900.087）略有增加，DF = 1461，也仅比一阶模型（1458）略有增加；x^2/DF 的值为 1.323，小于 2，表明拟合效果较好。此外，模型的 RSMEA 值为 0.035，小于 0.08，拟合效果较好；GFI、NFI 和 CFI 值分别为 0.864、0.753 和 0.799，均在允许范围之内。

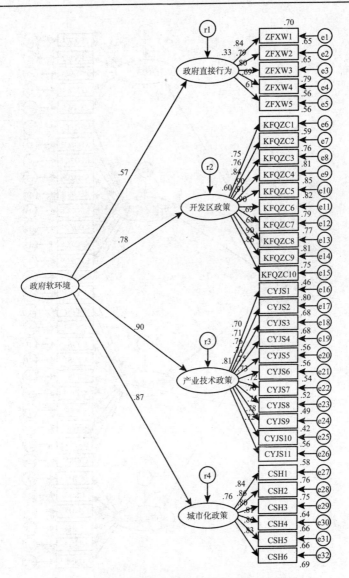

图 4.10　苏南地方政府行为要素体系的二阶模型

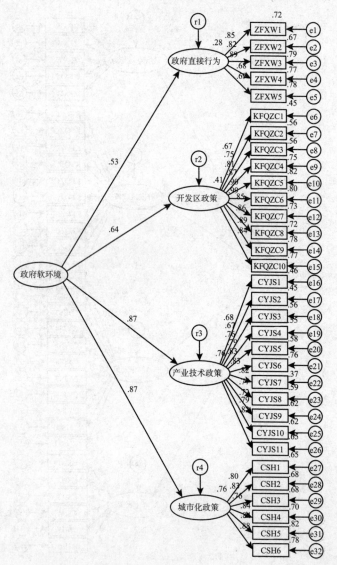

图 4.11 苏州地方政府行为要素体系的二阶模型

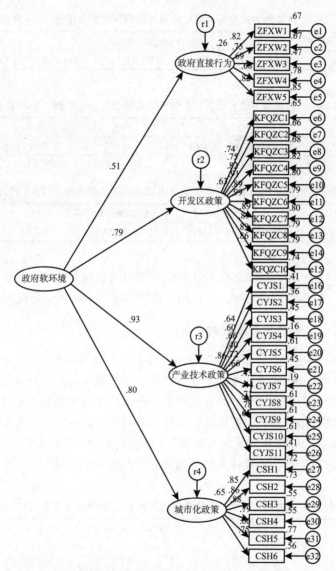

图 4.12 常州地方政府行为要素体系的二阶模型

表 4.25　　苏南地方政府行为要素体系二阶模型的拟合指数（N=561）

拟合指标	x^2	P	DF	x^2/DF	RMSEA	GFI	NFI	CFI
数值	3410.705	0.000	1461	2.335	0.087	0.876	0.813	0.833

表 4.26　　苏州地方政府行为要素体系二阶模型的拟合指数（N=310）

拟合指标	x^2	P	DF	x^2/DF	RMSEA	GFI	NFI	CFI
数值	2526.426	0.000	1461	1.729	0.073	0.765	0.767	0.800

表 4.27　　常州地方政府行为要素体系二阶模型的拟合指数（N=251）

拟合指标	x^2	P	DF	x^2/DF	RMSEA	GFI	NFI	CFI
数值	1933.021	0.000	1461	1.323	0.035	0.864	0.753	0.799

综上所述，可知苏南及其苏州、常州两市地方政府行为要素体系的二阶模型拟合良好，可以用二阶模型来有效替代一阶模型。

（三）信度和效度检验

1. 信度检验。根据对苏南地方政府行为要素体系测量变量的探索性因子分析和验证性因子分析结果，对苏南地方政府行为要素体系中的政府直接行为、开发区政策、产业技术政策和城市化政策各因子进行信度检验，得出各因子的 Cronbach's α 系数分别为 0.927、0.966、0.922、0.933 均大于 0.7（参见表 4.28）。由此可见，对苏南地方政府行为要素体系的测量具有较高的内部一致性。

表 4.28　　地方政府行为要素体系各因子的 Cronbach's α 系数（N=561）

	政府直接行为	开发区政策	产业技术政策	城市化政策
α 系数	0.927	0.966	0.922	0.933
项目数	5	10	11	6

2. 效度检验。如前所述，苏南地方政府行为要素体系测量量表已有较好的内容效度。从探索性因子分析和验证性因子分析的结果来看，苏南地方政府行为要素体系测量量表已有基本的信度和效度。现根据验证性因子分析结果，对测量量表的聚合效度和辨别效度做进一步分析。苏南地方政府行为各来源要素之间的相关系数和平均抽取方差参见表4.29。从表4.29中可知，所有苏南地方政府行为来源要素的 AVE 都大于 0.50，数值范围为 0.943 ~ 2.598，说明苏南地方政府行为要素体系测量模型具有充分的聚合效度。比较对角线上的 AVE 与相应行列中的相关系数，发现地方政府直接行为、开发区政策、产业技术政策和城市化政策各要素均完全符合检验标准，因而具有充分的辨别效度。所以苏南地方政府行为要素体系的测量模型具有充分的辨别效度。

表4.29　　　　　民营企业竞争优势各来源要素的相关
系数和平均抽取方差 （N = 561）

	政府直接行为	开发区政策	产业技术政策	城市化政策
政府直接行为	(2.598)			
开发区政策	0.544 **	(1.878)		
产业技术政策	0.436 **	0.684 **	(0.943)	
城市化政策	0.395 **	0.661 **	0.758 **	(1.189)

（四）样本数据描述和数据比较分析

1. 样本数据描述分析。根据探索性因子分析和验证性因子分析结果，对苏南及其苏州、常州两市地方政府行为要素体系进行数据描述性统计，统计结果参见表4.30、表4.31、表4.32。从表4.30可以看出，苏南地方政府行为各要素均值处于 2.7355 ~ 4.3030 之间，评价比较高，处于中等水平。从表4.31中看出，苏州地方政府行为各要素均值处于 2.3129 ~ 4.0850，评价中等，其中地方政直接行为均值 2.3129，为苏州各要素评价最低因素；从表 4.32 中看出，常州地方行为各要素均值处于 3.2574 ~ 4.7398，评价中等，但平均值较苏州高。

表 4.30　　　苏南地方政府行为各来源要素的描述统计（N = 561）

	N	极小值	极大值	均值	标准差
政府直接行为	561	1.00	6.00	2.7355	1.61176
开发区政策	561	1.00	6.00	3.7513	1.37040
产业技术政策	561	1.00	6.00	4.3780	0.97131
城市化政策	561	1.00	6.00	4.3030	1.09035

表 4.31　　　苏州地方政府行为各来源要素的描述统计（N = 310）

苏州	N	极小值	极大值	均值	标准差
政府直接行为	310	1.00	6.00	2.3129	1.31451
开发区政策	310	1.00	6.00	3.4423	1.24920
产业技术政策	310	1.00	6.00	4.0850	0.96751
城市化政策	310	1.00	6.00	4.0236	1.04257

表 4.32　　　常州地方政府行为各来源要素的描述统计（N = 251）

常州	N	极小值	极大值	均值	标准差
政府直接行为	251	1.00	6.00	3.2574	1.78560
开发区政策	251	1.00	6.00	4.1331	1.41887
产业技术政策	251	1.45	6.00	4.7398	0.84763
城市化政策	251	1.00	6.00	4.6481	1.05034

　　2. 苏州、常州比较分析。对苏州、常州两个区域地方政府行为的样本数据（见表 4.36、表 4.37）分别进行偏度和峰度检验，各样本数据的偏度和峰度值均小于 2，且偏度值均小于其标准误的两倍，说明各样本数据基本符合正态分布条件。对两个区域样本数据

的方差齐性检验结果参见表 4.33，结果显示两个区域样本数据在地方政府行为上的显著性均大于 0.05，可认为两个区域的样本方差满足方差齐性条件；同时本研究在各区域间的问卷调查数据满足独立性条件。因此苏州、常州两个区域地方政府行为样本数据均满足正态性、方差齐性和独立性条件，可以进行进一步方差分析。

表 4.33　　　　　　　　　　　方差齐性检验

	Levene 统计量	df1	df2	显著性
政府直接行为	7.073	1	559	0.018
开发区政策	1.901	1	559	0.168
产业技术政策	0.117	1	559	0.732
城市化政策	0.217	1	559	0.641

对苏州、常州各个区域竞争优势要素样本数据的单因素方差分析结果如表 4.34 所示。结果表明，在 $P < 0.05$ 的水平上，苏州、常州两个区域的地方政府行为在政府直接行为（F 值 = 3.204，显著性 = 0.074）、开发区政策（F 值 = 4.367，显著性 = 0.037）、产业技术政策（F 值 = 0.928，显著性 = 0.336）、城市化政策（F 值 = 0.674，显著性 = 0.412）2 类地方政府行为上差异不显著。

表 4.34　　　苏南地方政府行为样本数据的单因素方差分析

		平方和	df	均方	F	显著性
	组间	8.290	1	8.290	3.204	0.074
政府直接行为	组内	1446.455	559	2.588		
	总数	1454.744	560			
	组间	8.152	1	8.152	4.367	0.037
开发区政策	组内	1043.530	559	1.867		
	总数	1051.681	560			

续表

		平方和	df	均方	F	显著性
产业技术政策	组间	0.875	1	0.875	0.928	0.336
	组内	527.455	559	0.944		
	总数	528.330	560			
城市化政策	组间	0.802	1	0.802	0.674	0.412
	组内	664.967	559	1.190		
	总数	665.768	560			

四、地方政府行为对苏南民营企业竞争优势要素作用机制的实证分析

（一）回归分析

在进行结构方程模型分析之前，先采用回归分析方法，运用 SPSS18.0 统计软件，就地方政府行为对苏南民营企业竞争优势要素作用的相关研究假设进行初步验证。在回归分析中，变量是单维度的，其数值可以用测量指标的平均值来替代，但一般要求测量指标的内部一致性系数大于 0.7。在本研究中，地方政府行为和民营企业竞争优势要素体系测量量表的内部一致性系数均大于 0.7，故可以用各自测量问项的平均值来代替。此外，在回归分析中，还将企业规模和企业年限两个控制变量转化为虚拟变量，以便于纳入回归方程之中。

表 4.35　　　　　　　　　控制变量的虚拟变量转化

虚拟变量	取值	含义	取值标准
企业规模	1	中型企业	同时满足职工人数 300 ~ 2000 人、年销售额 3000 万 ~ 30000 万元、资产总额 4000 万 ~ 400000 万元
	0	小型企业	职工人数 300 人以下，或年销售额 3000 万元以下，或资产总额 4000 万元以下
企业年限	1	长期	10 年以上
	0	中短期	10 年以下

1. 苏南民营企业资源和能力对地方政府行为的回归分析。

（1）苏南民营企业设备资源对地方政府行为的回归分析。根据已有研究假设，以苏南民营企业生产设备资源为因变量，政府直接行为、产业技术政策为自变量，企业成长年限、规模为控制变量，采用全部样本数据进行回归分析，分析结果如表4.36所示。结果显示，回归模型的拟合优度F值（32.847）显著性水平很高，共线性检测VIF正值符合要求（接近于1）。政府直接行为对苏南民营企业生产设备具有显著的正向影响，其回归系数为0.117，回归检测结果T值极为显著（0.007 < 0.05），H1得到很好的初步验证；产业技术政策对苏南民营企业生产设备具有显著的正向影响，其回归系数为0.495，回归检测结果T值极为显著（0.000 < 0.05），H8得到很好的初步验证。此外，控制变量企业规模和年限尽管对苏南民营企业生产设备可能存在一定负向影响（回归系数为 -0.065、-0.010），但回归检测结果T值未达到显著性水平（0.109 > 0.05、0.795 > 0.05）。

表4.36　　　苏南民营企业设备资源对地方政府行为的回归分析

因变量	自变量	β系数	T值	显著性	F值	VIF
生产设备	政府直接行为	0.117	2.714	0.007	32.847	1.275
	产业技术政策	0.495	10.991	0.000		1.395
	企业规模	-0.065	-1.604	0.109		1.120
	企业年限	-0.010	-0.260	0.795		1.006

（2）苏南民营企业人力资源对地方政府行为的回归分析。根据已有研究假设，以苏南民营企业人力资源为因变量，开发区政策、城市化政策为自变量，企业成长年限、规模为控制变量，采用全部样本数据进行回归分析，分析结果如表4.37所示。结果显示，回归模型的拟合优度F值（24.034）显著性水平很高，共线性检测

VIF 正值符合要求（接近于 1）。开发区政策对苏南民营企业人力资源具有显著的正向影响，其回归系数为 0.017，回归检测结果 T 值极为显著（0.000），H5 得到很好的初步验证；城市化政策对苏南民营企业人力资源具有显著的正向影响，其回归系数为 0.414，回归检测结果 T 值极为显著（0.000），H14 得到很好的初步验证。此外，控制变量企业规模和年限尽管对苏南民营企业人力资源可能存在一定负向影响（回归系数为 -0.056、-0.003），但回归检测结果 T 值未达到显著性水平（0.191 > 0.05、0.935 > 0.05）。

表 4.37　　　　　苏南民营企业人力资源对地方政府行为的回归分析

因变量	自变量	β 系数	T 值	显著性	F 值	VIF
人力资源	开发区政策	0.017	0.337	0.000	24.034	1.072
	城市化政策	0.414	7.666	0.000		1.103
	企业规模	-0.056	-1.308	0.191		1.206
	企业年限	-0.003	-0.082	0.935		1.009

（3）苏南民营企业关系资源对地方政府行为的回归分析。根据已有研究假设，以苏南民营企业关系资源为因变量，开发区政策、产业技术政策、城市化政策为自变量，企业成长年限、规模为控制变量，采用全部样本数据进行回归分析，分析结果如表 4.38 所示。结果显示，回归模型的拟合优度 F 值（55.461）显著性水平很高，共线性检测 VIF 正值符合要求（接近于 1）。开发区政策对苏南民营企业关系资源具有显著的正向影响，其回归系数为 0.090，回归检测结果 T 值极为显著（0.001），H6 得到很好的初步验证；产业技术政策对苏南民营企业关系资源具有显著的正向影响，其回归系数为 0.479，回归检测结果 T 值极为显著（0.000），H9 得到很好的初步验证；城市化政策对苏南民营企业关系资源具有显著的正向影响，其回归系数为 0.214，回归检测结果 T 值极为显著（0.000），H15 得到

很好的初步验证。此外，控制变量企业规模尽管对苏南民营企业关系资源可能存在一定负向影响（回归系数为 -0.060），但回归检测结果 T 值未达到显著性水平（0.117 > 0.05）；控制变量企业年限也对苏南民营企业关系资源具有一定的正向影响（回归系数为0.058），但回归检测结果 T 值未达到显著性水平（0.097 > 0.05）。

表 4.38　　　　苏南民营企业关系资源对地方政府行为的回归分析

因变量	自变量	β 系数	T 值	显著性	F 值	VIF
关系资源	开发区政策	0.090	1.875	0.001	55.461	1.027
	产业技术政策	0.479	8.586	0.000		1.095
	城市化政策	0.214	3.796	0.000		1.036
	企业规模	-0.060	-1.571	0.117		1.110
	企业年限	0.058	1.663	0.097		1.009

（4）苏南民营企业生产制造能力对地方政府行为的回归分析。根据已有研究假设，以苏南民营企业生产制造能力为因变量，政府直接行为、开发区政策、产业技术政策为自变量，企业成长年限、规模为控制变量，采用全部样本数据进行回归分析，分析结果如表4.39 所示。结果显示，回归模型的拟合优度 F 值（34.466）显著性水平很高，共线性检测 VIF 正值符合要求（接近于1）。政府直接行为对苏南民营企业生产制造能力具有显著的正向影响，其回归系数为 0.168，回归检测结果 T 值极为显著（0.000），H3 得到很好的初步验证；开发区政策对苏南民营企业生产制造能力具有显著的正向影响，其回归系数为 0.015，回归检测结果 T 值极为显著（0.001），H7 得到很好的初步验证；产业技术政策对苏南民营企业生产制造能力具有显著的正向影响，其回归系数为 0.370，回归检测结果 T 值极为显著（0.000），H10 得到很好的初步验证。此外，控制变量企业年限尽管对苏南民营企业生产制造能力可能存在一定负向影响（回归系数为 -0.033），但回归检测结果 T 值未达到显著

性水平（0.374 > 0.05）；控制变量企业规模也对苏南民营企业生产制造能力具有一定正向影响（回归系数为 0.004），但回归检测结果 T 值未达到显著性水平（0.914 > 0.05）。

表 4.39　苏南民营企业生产制造能力对地方政府行为的回归分析

因变量	自变量	β 系数	T 值	显著性	F 值	VIF
生产制造能力	政府直接行为	0.168	3.679	0.000	34.466	1.115
	开发区政策	0.015	0.287	0.001		1.100
	产业技术政策	0.370	7.212	0.000		1.010
	企业规模	0.004	0.108	0.914		1.120
	企业年限	-0.033	-0.890	0.374		1.010

（5）苏南民营企业组织管理能力对地方政府行为的回归分析。根据已有研究假设，以苏南民营企业组织管理能力为因变量，产业技术政策、城市化政策为自变量，企业成长年限、规模为控制变量，采用全部样本数据进行回归分析，分析结果如表 4.40 所示。结果显示，回归模型的拟合优度 F 值（34.336）显著性水平很高，共线性检测 VIF 正值符合要求（接近于 1）。产业技术政策对苏南民营企业组织管理能力具有显著的正向影响，其回归系数为 0.279，回归检测结果 T 值极为显著（0.000），H11 得到很好的初步验证；城市化政策对苏南民营企业组织管理能力具有显著的正向影响，其回归系数为 0.208，回归检测结果 T 值极为显著（0.000），H16 得到很好的初步验证。此外，控制变量企业规模尽管对苏南民营企业生产制造能力可能存在一定负向影响（回归系数为 -0.031），但回归检测结果 T 值未达到显著性水平（0.914 > 0.05）；控制变量企业规模也对苏南民营企业生产制造能力具有一定正向影响（回归系数为 0.049），但回归检测结果 T 值未达到显著性水平（0.374 > 0.05）。

表 4.40　　　苏南民营企业组织管理能力对地方政府行为的回归分析

因变量	自变量	β 系数	T 值	显著性	F 值	VIF
组织管理能力	产业技术政策	0.279	4.897	0.000		1.252
	城市化政策	0.208	3.520	0.000	34.336	1.418
	企业规模	-0.031	-0.755	0.914		1.204
	企业年限	0.049	1.294	0.374		1.002

（6）苏南民营企业营销能力对地方政府行为的回归分析。根据已有研究假设，以苏南民营企业营销能力为因变量，开发区政策、城市化政策为自变量，企业成长年限、规模为控制变量，采用全部样本数据进行回归分析，分析结果如表 4.41 所示。结果显示，回归模型的拟合优度 F 值（23.462）显著性水平很高，共线性检测 VIF 正值符合要求（接近于 1）。开发区政策对苏南民营企业营销能力具有显著的正向影响，其回归系数为 0.027，回归检测结果 T 值极为显著（0.002），H8 得到很好的初步验证；城市化政策对苏南民营企业营销能力具有显著的正向影响，其回归系数为 0.390，回归检测结果 T 值极为显著（0.000），H17 得到很好的初步验证。此外，控制变量企业规模和企业年限也对苏南民营企业生产制造能力具有一定正向影响（回归系数为 0.009、0.062），但回归检测结果 T 值未达到显著性水平（0843>0.05、0.114>0.05）。

表 4.41　　　苏南民营企业营销能力对地方政府行为的回归分析

因变量	自变量	β 系数	T 值	显著性	F 值	VIF
营销能力	开发区政策	0.027	0.537	0.002		1.072
	城市化政策	0.390	7.201	0.000	23.462	1.003
	企业规模	0.009	0.198	0.843		1.206
	企业年限	0.062	1.584	0.114		1.009

（7）苏南民营企业企业家能力对地方政府行为的回归分析。根

据已有研究假设，以苏南民营企业企业家能力为因变量，产业技术政策、城市化政策为自变量，企业成长年限、规模为控制变量，采用全部样本数据进行回归分析，分析结果如表 4.42 所示。结果显示，回归模型的拟合优度 F 值（35.226）显著性水平很高，共线性检测 VIF 正值符合要求（接近于 1）。产业技术政策对苏南民营企业企业家能力具有显著的正向影响，其回归系数为 0.300，回归检测结果 T 值极为显著（0.000），H13 得到很好的初步验证；城市化政策对苏南民营企业企业家能力具有显著的正向影响，其回归系数为 0.161，回归检测结果 T 值极为显著（0.006），H18 得到很好的初步验证。此外，控制变量企业年限尽管对苏南民营企业企业家能力可能存在一定负向影响（回归系数为 -0.005），但回归检测结果 T 值未达到显著性水平（0.899 > 0.05）；控制变量企业规模也对苏南民营企业企业家能力具有一定正向影响（回归系数为 0.038），但回归检测结果 T 值未达到显著性水平（0.360 > 0.05）。

表 4.42　　　苏南民营企业企业家能力对地方政府行为的回归分析

因变量	自变量	β 系数	T 值	显著性	F 值	VIF
企业家能力	产业技术政策	0.300	5.275	0.000	35.226	1.252
	城市化政策	0.161	2.738	0.006		1.018
	企业规模	0.038	0.917	0.360		1.204
	企业年限	-0.005	-0.127	0.899		1.002

2. 苏州民营企业资源和能力对地方政府行为的回归分析。根据已有研究假设，以苏州民营企业 3 种资源和 4 种能力分别为因变量，苏州政府直接行为、开发区政策、产业技术政策、城市化政策分别为自变量，企业成长年限、规模为控制变量，采用 310 个样本数据进行回归分析，分析结果如表 4.43 ~ 表 4.49 所示。结果显示，7 个回归模型的拟合优度 F 值显著性水平很高，共线性检测 VIF 正

值符合要求（接近于1）。苏州政府直接行为、开发区政策、产业技术政策、城市化政策分别对苏州民营企业3种资源和4种能力分别具有相应显著的正向影响，其相应的回归系数详见表4.43～表4.49，其相应的回归检测结果T值极为显著，相应的路径假设得到很好的初步验证；此外，控制变量企业年限、企业规模尽管对苏州民营企业企业家能力可能存在一定影响，但回归检测结果T值均未达到显著性水平；这里不再一一叙述，具体数据详见表4.43～表4.49。

表4.43　　　苏州民营企业设备资源对地方政府行为的回归分析

因变量	自变量	β系数	T值	显著性	F值	VIF
生产设备	开发区政策	0.104	1.037	0.000	12.178	1.182
	产业技术政策	0.334	5.461	0.000		1.097
	企业规模	-0.073	-1.311	0.191		1.122
	企业年限	0.044	0.826	0.411		1.005

表4.44　　　苏州民营企业人力资源对地方政府行为的回归分析

因变量	自变量	β系数	T值	显著性	F值	VIF
人力资源	开发区政策	0.043	0.643	0.001	18.714	1.072
	城市化政策	0.357	4.822	0.000		1.103
	企业规模	-0.039	-0.645	0.520		1.206
	企业年限	0.024	0.434	0.665		1.009

表4.45　　　苏州民营企业关系资源对地方政府行为的回归分析

因变量	自变量	β系数	T值	显著性	F值	VIF
关系资源	开发区政策	0.005	0.075	0.000	24.356	1.711
	产业技术政策	0.492	6.485	0.000		1.151
	城市化政策	0.086	1.075	0.001		1.099
	企业规模	-0.065	-1.204	0.230		1.250
	企业年限	-0.021	-0.436	0.663		1.009

表 4.46 苏州民营企业生产能力对地方政府行为的回归分析

因变量	自变量	β 系数	T 值	显著性	F 值	VIF
生产制造能力	政府直接行为	0.016	0.168	0.000	11.763	1.253
	开发区政策	0.278	4.461	0.000		1.121
	企业规模	0.040	4.461	0.245		1.104
	企业年限	0.119	1.164	0.458		1.028

表 4.47 苏州民营企业组织管理能力对地方政府行为的回归分析

因变量	自变量	β 系数	T 值	显著性	F 值	VIF
组织管理	产业技术政策	0.296	3.852	0.000	17.745	1.226
	城市化政策	0.176	2.170	0.031		1.083
	企业规模	−0.033	−0.581	0.561		1.243
	企业年限	0.029	0.560	0.576		1.009

表 4.48 苏州民营企业营销能力对地方政府行为的回归分析

因变量	自变量	β 系数	T 值	显著性	F 值	VIF
营销能力	开发区政策	0.015	0.220	0.226	18.471	1.154
	城市化政策	0.318	4.295	0.000		1.159
	企业规模	0.008	0.129	0.897		1.250
	企业年限	0.025	0.449	0.654		1.009

表 4.49 苏州民营企业企业家能力对地方政府行为的回归分析

因变量	自变量	β 系数	T 值	显著性	F 值	VIF
企业家能力	产业技术政策	0.354	4.648	0.000	19.7	1.226
	城市化政策	0.109	1.351	0.178		1.083
	企业规模	0.033	0.572	0.568		1.243
	企业年限	−0.054	−1.052	0.294		1.009

3. 常州民营企业资源和能力对地方政府行为的回归分析。根据

已有研究假设，以常州民营企业 3 种资源和 4 种能力分别为因变量，苏州政府直接行为、开发区政策、产业技术政策、城市化政策分别为自变量，企业成长年限、规模为控制变量，采用 251 个样本数据进行回归分析，分析结果如表 4.50 ~ 表 4.56 所示。结果显示，7 个回归模型的拟合优度 F 值显著性水平很高，共线性检测 VIF 正值符合要求（接近于 1）。常州政府直接行为、开发区政策、产业技术政策、城市化政策分别对苏州民营企业 3 种资源和 4 种能力分别具有相应显著的正向影响，其相应的回归系数详见表 4.50 ~ 表 4.56，其相应的回归检测结果 T 值极为显著（表 4.50 ~ 表 4.56），相应的路径假设得到很好的初步验证；此外，控制变量企业年限、企业规模尽管对苏州民营企业企业家能力可能存在一定影响，但回归检测结果 T 值均未达到显著性水平；这里不再一一叙述，具体数据详见表 4.50 ~ 表 4.56。

表 4.50　　常州民营企业设备资源对地方政府行为的回归分析

因变量	自变量	β 系数	T 值	显著性	F 值	VIF
生产设备	政府直接行为	0.115	1.741	0.003	32.847	1.370
	产业技术政策	0.511	7.684	0.000		1.378
	企业规模	- 0.077	- 1.343	0.181		1.036
	企业年限	- 0.037	- 0.658	0.511		1.006

表 4.51　　常州民营企业人力资源对地方政府行为的回归分析

因变量	自变量	β 系数	T 值	显著性	F 值	VIF
人力资源	政府直接行为	0.185	2.913	0.004	16.168	1.252
	城市化政策	0.359	5.493	0.000		1.327
	企业规模	- 0.109	- 1.847	0.066		1.086
	企业年限	0.004	0.075	0.940		1.011

表 4.52　　　　　常州民营企业关系资源对地方政府行为的回归分析

因变量	自变量	β 系数	T 值	显著性	F 值	VIF
关系资源	开发区政策	0.201	12.851	0.003		1.085
	产业技术政策	0.380	4.929	0.000		1.166
	城市化政策	0.411	5.541	0.000	30.516	1.285
	企业规模	-0.077	-1.469	0.143		1.089
	企业年限	0.183	3.596	0.000		1.027

表 4.53　　　　　常州民营企业生产能力对地方政府行为的回归分析

因变量	自变量	β 系数	T 值	显著性	F 值	VIF
生产制造能力	政府直接行为	0.378	5.518	0.000		1.067
	开发区政策	0.113	1.426	0.005		1.239
	产业技术政策	0.353	4.839	0.000	21.905	1.186
	企业规模	-0.022	-0.415	0.678		1.036
	企业年限	-0.007	-0.129	0.897		1.027

表 4.54　　　　　常州民营企业组织管理能力对地方政府行为的回归分析

因变量	自变量	β 系数	T 值	显著性	F 值	VIF
组织管理	产业技术政策	0.246	3.113	0.002		1.022
	城市化政策	0.245	3.029	0.003		1.026
	企业规模	-0.012	-0.202	0.840	15.69	1.089
	企业年限	0.053	0.924	0.356		1.011

表 4.55　　　　　常州民营企业营销能力对地方政府行为的回归分析

因变量	自变量	β 系数	T 值	显著性	F 值	VIF
营销能力	开发区政策	0.053	0.727	0.018		1.112
	城市化政策	0.458	6.159	0.000		1.190
	企业规模	0.006	0.095	0.925	15.03	1.087
	企业年限	0.120	2.084	0.038		1.020

表 4.56　　　　　常州民营企业企业家能力对地方政府行为的回归分析

因变量	自变量	β 系数	T 值	显著性	F 值	VIF
企业家能力	产业技术政策	0.177	2.191	0.029	11.862	1.022
	城市化政策	0.249	2.998	0.003		1.026
	企业规模	0.027	0.437	0.663		1.089
	企业年限	0.044	0.756	0.451		1.011

（二）结构方程模型分析

在本书的第三章中，已就样本容量和正态性分布说明了本研究数据适合使用极大似然法进行结构方程模型分析，在本章的第一节中，也已就结构方程模型在本研究中的适用性做出了说明。因此，本研究将运用结构方程模型，对相关研究假设和回归分析结果进行进一步分析。

1. 苏南地方政府行为对苏南民营企业竞争优势要素机制作用结构方程。

（1）苏南结构方程初始模型及其拟合结果。首先根据本书第三章所提出的地方政府行为对民营企业竞争优势要素作用机制的理论模型和相关假设，在 AMOS18.0 软件中绘制出相应的结构方程初始模型（参见图 4.13）。在该初始模型中，4 个外生潜变量：政府直接行为、开发区政策、产业技术政策、城市化政策由 ZFXW、KFQZC、CYJS、CSH 等 32 个外生显变量来测量；7 个内生潜变量设备资源、人力资源、关系资源、生产能力、组织管理能力、营销能力、企业家能力由 SCSB、RLZY、GXZY、SCZZNL、ZZGLNL、YXNL、QYJNL 等 49 个内生显变量来测量；4 个外生潜变量与 7 个内生潜变量之间的因果关系由"设备资源——政府直接行为"等 18 条假设影响路径来体现。由于在回归分析中，企业成长年限和企业规模 2 个控制变量对因变量的影响均未达到显著性水平，因此未将其纳入结构方程模型之中。采用所有样本数据，运算后得出的地方政府行为对苏南民营企业作用机制结构方程初始模型见图 4.13，相应的模型分析结果见表 4.57。

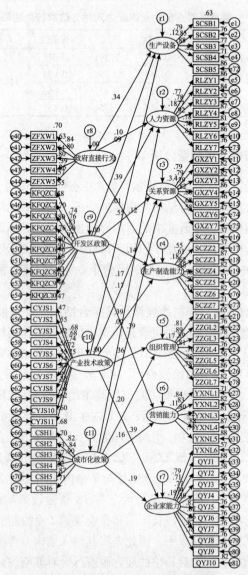

图 4.13　苏南结构方程的初始模型

表 4.57　　苏南结构方程初始模型的分析结果（N＝561）

假设路径			Estimate	C. R.	P
生产设备	←	政府直接行为	0.335	7.024	***
人力资源	←	政府直接行为	0.102	2.541	0.072
生产制造能力	←	政府直接行为	0.117	2.310	0.021
生产设备	←	开发区政策	0.090	2.071	0.068
关系资源	←	开发区政策	0.549	8.521	***
人力资源	←	开发区政策	0.391	5.862	0.031
生产制造能力	←	开发区政策	0.140	2.487	***
营销能力	←	开发区政策	0.386	7.382	***
生产设备	←	产业技术政策	0.013	3.054	***
关系资源	←	产业技术政策	0.172	3.931	***
生产制造能力	←	产业技术政策	0.385	6.608	***
组织管理	←	产业技术政策	0.365	5.437	***
企业家能力	←	产业技术政策	0.393	5.902	***
人力资源	←	城市化政策	0.113	2.529	0.011
关系资源	←	城市化政策	0.077	1.263	***
组织管理	←	城市化政策	0.199	3.104	0.002
营销能力	←	城市化政策	0.162	3.693	***
企业家能力	←	城市化政策	0.188	2.968	0.003

拟合指标	x^2	P	DF	x^2/DF	RMSEA	GFI	NFI	CFI
数值	4511.666	0.000	3149	1.433	0.080	0.935	0.916	0.927

　　从图 4.13 和表 4.57 可以看出：初始模型的 x^2 值为 4511.666（/DF＝3149），P＝0.000，x^2/DF＝1.43＜2，拟合较好；模型的 RMSEA 值为 0.080，等于参考值 0.08，在可接受的区间内；GFI、NFI、CFI 的值分别为 0.935、0.916、0.927，均大于 0.90 的参考值；所有显变量与潜变量之间的准化路径系数均在 0.5 以上，相应的 C. R. 值绝大部分在 2.0 以上，大于 1.96 的参考值；表明相关标

准化路径至少在 P = 0.05 的水平上具有统计上的显著性；但同时，"人力资源←政府直接行为"、"生产设备←开发区政策"的 P 值分别为 0.072、0.068，都大于 0.05，两条路径未能达到结构方程模型的拟合要求。综上所述，苏南地方政府行为对苏南民营企业竞争优势要素作用机制的结构方程初始模型虽然拟合较好、基本有效，但仍不够完善，有必要做进一步的调整和修正。本书主要保持内生变量和外源变量不变，通过变动它们之间的路径联系来进行第一次修正。

（2）苏南结构方程第一次修正模型及其拟合结果。首先尝试删除路径"人力资源←政府直接行为"，采用所有样本数据，运算后得出的地方政府行为对苏南民营企业作用机制结构方程第一次修正模型见图 4.14，相应的模型分析结果见表 4.58。

从图 4.14 和表 4.58 可以看出：第一次修正模型的 x^2 值为 4452.890（/DF = 3149），P = 0.000，x^2/DF = 1.414 < 2，拟合较好；模型的 RMSEA 值为 0.080，等的参考值 0.08，在可接受的区间内；GFI、NFI、CFI 的值分别为 0.935、0.916、0.927，保持不变，均大于 0.90 的参考值；所有显变量与潜变量之间的准化路径系数均在 0.5 以上，相应的 C. R. 值绝大部分在 2.0 以上，大于 1.96 的参考值；表明相关标准化路径至少在 P = 0.05 的水平上具有统计上的显著性；但是，"生产设备←开发区政策"的 P 值为 0.052，还都大于 0.05，本条路径还未能达到结构方程模型的拟合要求。本书保持内生变量和外源变量不变，继续通过变动它们之间的路径联系来进行第二次修正。

（3）苏南结构方程第二次修正（最终）模型及其拟合结果。删除路径"生产设备←开发区政策"，采用所有样本数据，运算后得出的地方政府行为对苏南民营企业作用机制结构方程第二次修正模型见图 4.15，相应的模型分析结果见表 4.59。

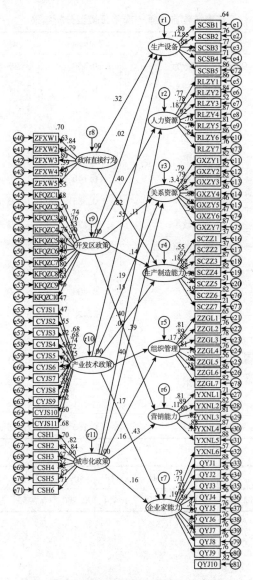

图 4.14　苏南结构方程的第一次修正模型

表 4.58　　　　苏南结构方程第一次修正模型分析结果

假设路径			Estimate	C. R.	P
生产制造能力	←	政府直接行为	0.110	2.203	0.028
生产设备	←	政府直接行为	0.325	7.216	***
生产设备	←	开发区政策	0.016	2.541	0.052
关系资源	←	开发区政策	0.547	8.521	***
人力资源	←	开发区政策	0.397	5.963	0.023
生产制造能力	←	开发区政策	0.140	2.487	***
营销能力	←	开发区政策	0.385	7.395	***
生产设备	←	产业技术政策	0.324	7.012	***
关系资源	←	产业技术政策	0.187	4.240	***
生产制造能力	←	产业技术政策	0.403	6.892	***
组织管理	←	产业技术政策	0.400	5.920	***
企业家能力	←	产业技术政策	0.428	6.380	***
人力资源	←	城市化政策	0.150	3.370	***
关系资源	←	城市化政策	0.077	1.263	***
组织管理	←	城市化政策	0.172	2.689	0.007
营销能力	←	城市化政策	0.161	3.674	***
企业家能力	←	城市化政策	0.160	2.546	0.011

拟合指标	x^2	P	DF	x^2/DF	RMSEA	GFI	NFI	CFI
数值	4452.890	0.000	3149	1.414	0.080	0.935	0.916	0.927

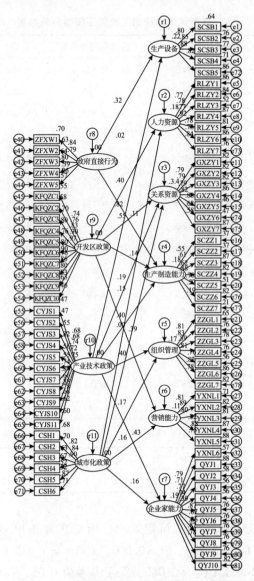

图 4.15　苏南结构方程的第二次修正模型

表 4.59　　　　　苏南结构方程第二次修正模型分析结果

假设路径			标准化路径系数	C. R.	P
生产设备	←	政府直接行为	0.325	6.982	***
生产制造能力	←	政府直接行为	0.109	2.201	0.028
人力资源	←	开发区政策	0.397	5.668	***
关系资源	←	开发区政策	0.547	8.439	***
生产制造能力	←	开发区政策	0.140	2.487	***
营销能力	←	开发区政策	0.385	7.374	***
生产设备	←	产业技术政策	0.334	7.228	***
关系资源	←	产业技术政策	0.187	4.243	***
生产制造能力	←	产业技术政策	0.403	6.900	***
组织管理	←	产业技术政策	0.402	5.939	***
企业家能力	←	产业技术政策	0.430	6.397	***
人力资源	←	城市化政策	0.150	3.364	***
关系资源	←	城市化政策	0.076	1.261	***
组织管理	←	城市化政策	0.171	2.671	0.008
营销能力	←	城市化政策	0.161	3.668	***
企业家能力	←	城市化政策	0.159	2.529	0.011

拟合指标	x^2	P	DF	x^2/DF	RMSEA	GFI	NFI	CFI
数值	4450.712	0.000	3149	1.413	0.080	0.935	0.916	0.927

　　从图 4.15 和表 4.59 可以看出：第二次修正模型的 x^2 值为 4450.712（/DF = 3149），P = 0.000，x^2/DF = 1.413 < 2，拟合较好；模型的 RMSEA 值为 0.080，等于参考值 0.08，在可接受的区间内；GFI、NFI、CFI 的值分别为 0.935、0.916、0.927，仍然保

持不变，均大于 0.90 的参考值；所有显变量与潜变量之间的准化路径系数均在 0.5 以上，相应的 C. R. 值绝大部分在 2.0 以上，大于 1.96 的参考值；表明全部标准化路径至少在 P = 0.05 的水平上具有统计上的显著性；结构方程二次拟合良好，苏南地方政府行为对苏南民营企业竞争优势要素作用机制的模型最终确立。

2. 苏州地方政府行为对苏州民营企业竞争优势要素作用机制的结构方程。

（1）苏州初始模型及其拟合结果。采用常州 310 个样本数据，运算后得出的苏州地方政府行为对常州民营企业作用机制结构方程初始模型见图 4.16，相应的模型分析结果见表 4.60。

从图 4.16 和表 4.60 可以看出：初始模型的 x^2 值为 4484.234（/DF = 3150），P = 0.000，x^2/DF = 1.424 < 2，拟合较好；模型的 RMSEA 值为 0.078，小于参考值 0.08，在可接受的区间内；GFI、NFI、CFI 的值分别为 0.923、0.909、0.901，均大于 0.90 的参考值；所有显变量与潜变量之间的准化路径系数均在 0.5 以上，相应的 C. R. 值绝大部分在 2.0 以上，大于 1.96 的参考值；表明相关标准化路径至少在 P = 0.05 的水平上具有统计上的显著性；但是"生产设备←政府直接行为"、"生产制造能力←产业技术政策"的 P 值分别为 0.067、0.55，都大于 0.05，两条路径未能达到结构方程模型的拟合要求。可见苏州地方政府行为对苏州民营企业竞争优势要素作用机制的结构方程初始模型虽然拟合较好、基本有效，但仍不够完善，有必要做进一步的调整和修正。本书主要保持内生变量和外源变量不变，通过变动它们之间的路径联系来进行第一次修正。

（2）苏州结构方程第一次修正模型及其拟合结果。首先尝试删除路径"生产制造能力←产业技术政策"，采用 310 个样本数据，运算后得出苏州地方政府行为对苏州民营企业作用机制结构方程第一次修正模型见图 4.17，相应的模型分析结果见表 4.61。

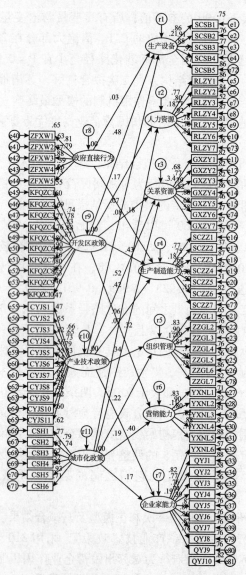

图 4.16　苏州结构方程的初始模型

表 4.60   苏州结构方程初步模型的分析结果（N = 310）

			Estimate	C. R.	P
生产制造能力	←	政府直接行为	0.180	2.936	***
生产设备	←	政府直接行为	0.026	1.036	0.067
生产设备	←	开发区政策	0.483	5.126	***
关系资源	←	开发区政策	0.080	2.139	0.035
人力资源	←	开发区政策	0.169	3.872	0.002
营销能力	←	开发区政策	0.317	3.652	***
生产制造能力	←	开发区政策	0.480	5.631	***
生产设备	←	产业技术政策	0.068	2.142	0.039
关系资源	←	产业技术政策	0.522	5.736	***
生产制造能力	←	产业技术政策	0.058	1.562	0.55
组织管理	←	产业技术政策	0.337	3.782	***
企业家能力	←	产业技术政策	0.397	4.775	***
人力资源	←	城市化政策	0.416	5.312	***
关系资源	←	城市化政策	0.072	1.982	0.032
组织管理	←	城市化政策	0.217	2.635	0.008
营销能力	←	城市化政策	0.191	3.236	0.001
企业家能力	←	城市化政策	0.174	2.164	0.002

拟合指标	x^2	P	DF	x^2/DF	RMSEA	GFI	NFI	CFI
数值	4484.234	0.000	3150	1.424	0.078	0.923	0.909	0.901

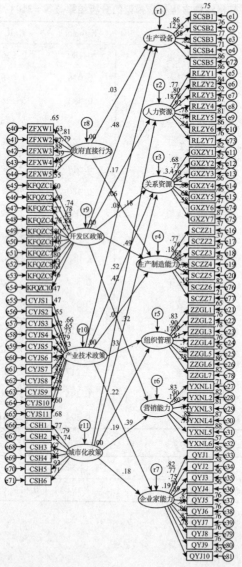

图 4.17　苏州结构方程的第一次修正模型

表 4.61　　　　苏州结构方程第一次修正模型的分析结果

		Estimate	C. R.	P
生产设备 ← 政府直接行为		0.026	1.036	0.067
生产制造能力 ← 政府直接行为		0.181	2.941	***
生产设备 ← 开发区政策		0.485	5.135	***
关系资源 ← 开发区政策		0.080	2.139	0.035
人力资源 ← 开发区政策		0.170	3.872	0.002
生产制造能力 ← 开发区政策		0.486	5.964	***
营销能力 ← 开发区政策		0.319	3.673	***
生产设备 ← 产业技术政策		0.064	2.082	0.039
关系资源 ← 产业技术政策		0.519	5.736	***
组织管理 ← 产业技术政策		0.333	3.679	***
企业家能力 ← 产业技术政策		0.394	4.762	***
人力资源 ← 城市化政策		0.416	5.312	***
关系资源 ← 城市化政策		0.075	1.993	0.032
组织管理 ← 城市化政策		0.220	2.665	0.008
营销能力 ← 城市化政策		0.190	3.236	0.001
企业家能力 ← 城市化政策		0.177	2.197	0.002

拟合指标	x^2	P	DF	x^2/DF	RMSEA	GFI	NFI	CFI
数值	4486.357	0.000	3150	1.423	0.078	0.923	0.909	0.901

从图 4.17 和表 4.61 可以看出：第一次修正模型的 x^2 值为 4486.357（/DF = 3150），P = 0.000，x^2/DF = 1.423 < 2，拟合较好；模型的 RMSEA 值为 0.078，小于参考值 0.08，在可接受的区间内；GFI、NFI、CFI 的值分别为 0.923、0.909、0.901，保持不

变，均大于 0.90 的参考值；所有显变量与潜变量之间的准化路径系数均在 0.5 以上，相应的 C. R. 值绝大部分在 2.0 以上，大于 1.96 的参考值；表明相关标准化路径至少在 P = 0.05 的水平上具有统计上的显著性；但是，"生产设备←政府直接行为"的 P 值为 0.067，还大于 0.05，本条路径还未能达到结构方程模型的拟合要求。本书保持内生变量和外源变量不变，继续通过变动它们之间的路径联系来进行第二次修正。

（3）苏州结构方程第二次修正（最终）模型及其拟合结果。删除路径"生产设备←政府直接行为"，采用 310 个样本数据，运算后得出的地方政府行为对苏州民营企业作用机制结构方程第二次修正模型见图 4.18，相应的模型分析结果见表 4.62。

从图 4.18 和表 4.62 可以看出：第二次修正模型的 x^2 值为 4478.336（/DF = 3150），P = 0.000，x^2/DF = 1.422 < 2，拟合较好；模型的 RMSEA 值为 0.078，小于参考值 0.08，在可接受的区间内；GFI、NFI、CFI 的值分别为 0.923、0.909、0.901，仍然保持不变，均大于 0.90 的参考值；所有显变量与潜变量之间的标准化路径系数均在 0.5 以上，相应的 C. R. 值全部在大于 1.96 的参考值；表明全部标准化路径至少在 P = 0.05 的水平上具有统计上的显著性；结构方程二次拟合良好，苏州地方政府行为对苏州民营企业竞争优势要素作用机制的模型最终确立。

3. 常州地方政府行为对常州民营企业竞争优势要素的结构方程。

（1）常州结构方程初始模型及其拟合结果。采用常州 251 个样本数据，运算后得出的常州地方政府行为对常州民营企业作用机制结构方程初始模型见图 4.19，相应的模型分析结果见表 4.63。

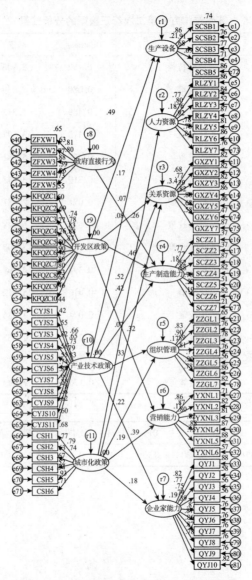

图 4.18　苏州结构方程的第二次修正模型

表 4.62　　　　苏州结构方程第二次修正模型的分析结果

		Estimate	C. R.	P
生产制造能力 ←	政府直接行为	0.182	2.946	***
关系资源 ←	开发区政策	0.080	2.139	0.035
生产设备 ←	开发区政策	0.489	5.312	***
人力资源 ←	开发区政策	0.170	3.872	0.002
生产制造能力 ←	开发区政策	0.457	5.681	***
营销能力 ←	开发区政策	0.319	3.673	***
生产设备 ←	产业技术政策	0.071	2.281	0.039
关系资源 ←	产业技术政策	0.520	5.748	***
组织管理 ←	产业技术政策	0.334	3.990	***
企业家能力 ←	产业技术政策	0.394	4.762	***
人力资源 ←	城市化政策	0.416	5.312	***
关系资源 ←	城市化政策	0.074	1.986	0.032
组织管理 ←	城市化政策	0.219	2.665	0.008
营销能力 ←	城市化政策	0.189	3.223	0.001
企业家能力 ←	城市化政策	0.176	2.190	0.002

拟合指标	x^2	P	DF	x^2/DF	RMSEA	GFI	NFI	CFI
数值	4478.336	0.000	3150	1.422	0.078	0.923	0.909	0.901

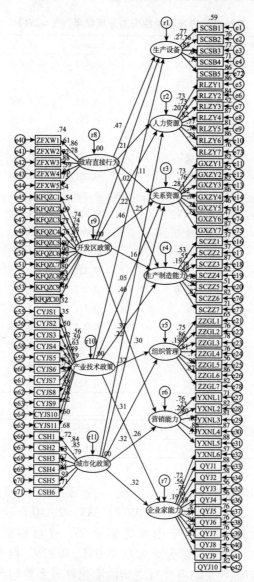

图 4.19　常州结构方程的初始模型

表 4.63　　**常州结构方程初始模型的分析结果（N = 251）**

假设路径			Estimate	C. R.	P
生产设备	←	政府直接行为	0.471	5.612	***
人力资源	←	政府直接行为	0.214	3.059	0.002
关系资源	←	政府直接行为	0.111	4.262	0.276
生产制造能力	←	政府直接行为	0.251	2.929	0.003
人力资源	←	开发区政策	0.018	0.367	0.423
关系资源	←	开发区政策	0.463	3.353	***
生产制造能力	←	开发区政策	0.251	1.864	0.004
营销能力	←	开发区政策	0.303	3.214	***
生产设备	←	产业技术政策	0.215	3.330	***
关系资源	←	产业技术政策	0.048	0.753	0.024
生产制造能力	←	产业技术政策	0.329	3.407	***
组织管理	←	产业技术政策	0.325	3.318	***
企业家能力	←	产业技术政策	0.257	2.686	0.007
人力资源	←	城市化政策	0.397	4.996	***
关系资源	←	城市化政策	0.221	0.802	0.023
组织管理	←	城市化政策	0.311	3.112	0.002
营销能力	←	城市化政策	0.324	4.463	***
企业家能力	←	城市化政策	0.319	3.171	0.002

拟合指标	x^2	P	DF	x^2/DF	RMSEA	GFI	NFI	CFI
数值	5157.490	0.000	3148	1.638	0.073	0.927	0.931	0.926

从图 4.19 和表 4.63 可以看出：初始模型的 x^2 值为 5157.490（/DF = 3148），P = 0.000，x^2/DF = 1.638 < 2，拟合较好；模型的 RMSEA 值为 0.073，小于的参考值 0.08，在可接受的区间内；GFI、NFI、CFI 的值分别为 0.927、0.931、0.926，均大于 0.90 的参考值；所有显变量与潜变量之间的准化路径系数均在 0.5 以上，相应的 C. R. 值绝大部分在 2.0 以上，大于 1.96 的参考值；表明相

关标准化路径至少在 P = 0.05 的水平上具有统计上的显著性；但是，"关系资源←政府直接行为"、"人力资源←开发区政策"的 P 值分别为 0.276、0.423，都大于 0.05，两条路径未能达到结构方程模型的拟合要求。可见常州地方政府行为对常州民营企业竞争优势要素作用机制的结构方程初始模型虽然拟合较好、基本有效，但仍不够完善，有必要做进一步的调整和修正。本书主要保持内生变量和外源变量不变，通过变动它们之间的路径联系来进行第一次修正。

（2）结构方程第一次修正模型及其拟合结果。首先尝试删除路径"人力资源←开发区政策"，采用 251 个样本数据，运算后得出常州地方政府行为对常州民营企业作用机制结构方程第一次修正模型见图 4.20，相应的模型分析结果见表 4.64。

从图 4.20 和表 4.64 可以看出：第一次修正模型的 x^2 值为 5156.694 （/DF = 3148），P = 0.000，x^2/DF = 1.638 < 2，拟合较好；模型的 RMSEA 值为 0.073，小于的参考值 0.08，在可接受的区间内；GFI、NFI、CFI 的值分别为 0.927、0.931、0.926，保持不变，均大于 0.90 的参考值；所有显变量与潜变量之间的准化路径系数均在 0.5 以上，相应的 C. R. 值绝大部分在 2.0 以上，大于 1.96 的参考值；表明相关标准化路径至少在 P = 0.05 的水平上具有统计上的显著性；但是，"关系政策←城市化政策"的 P 值为 0.423，还都大于 0.05，本条路径还未能达到结构方程模型的拟合要求。本书保持内生变量和外源变量不变，继续通过变动它们之间的路径联系来进行第二次修正。

（3）常州结构方程第二次修正（最终）模型及其拟合结果。删除路径"关系资源←城市化政策"，采用 251 个样本数据，运算后得出的地方政府行为对苏南民营企业作用机制结构方程第二次修正模型见图 4.21，相应的模型分析结果见表 4.65。

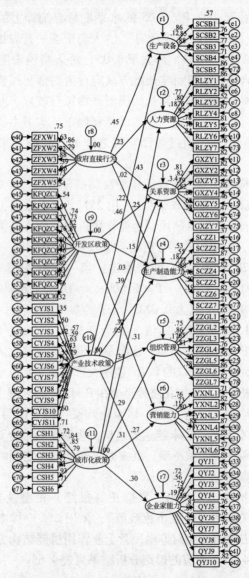

图 4.20 常州结构方程的第一次修正模型

表 4. 64　　　　　　　**常州结构方程第一次修正模型分析结果**

假设路径			Estimate	C. R.	P
生产设备	←	政府直接行为	0. 446	5. 612	***
人力资源	←	政府直接行为	0. 232	3. 164	0. 002
关系资源	←	政府直接行为	0. 426	4. 262	0. 276
生产制造能力	←	政府直接行为	0. 270	2. 934	0. 003
关系资源	←	开发区政策	0. 336	3. 353	***
生产制造能力	←	开发区政策	0. 151	1. 864	0. 004
营销能力	←	开发区政策	0. 306	3. 214	***
生产设备	←	产业技术政策	0. 244	3. 326	***
关系资源	←	产业技术政策	0. 034	0. 753	0. 024
生产制造能力	←	产业技术政策	0. 322	3. 402	***
组织管理	←	产业技术政策	0. 339	3. 310	***
企业家能力	←	产业技术政策	0. 272	2. 677	0. 007
人力资源	←	城市化政策	0. 393	5. 095	***
关系资源	←	城市化政策	0. 051	0. 802	0. 423
组织管理	←	城市化政策	0. 294	3. 121	0. 002
营销能力	←	城市化政策	0. 312	4. 467	***
企业家能力	←	城市化政策	0. 303	3. 180	0. 001

拟合指标	x^2	P	DF	x^2/DF	RMSEA	GFI	NFI	CFI
数值	5156. 694	0. 000	3148	1. 638	0. 073	0. 927	0. 931	0. 926

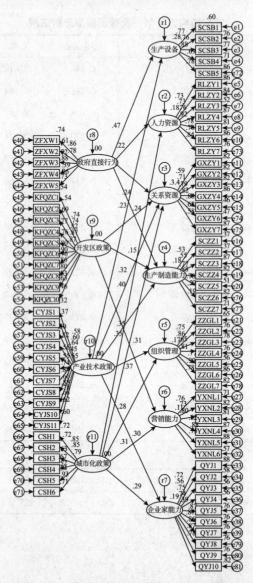

图 4.21　常州结构方程的第二次修正模型

表 4.65　　　　　常州结构方程第二次模型修正分析结果

假设路径			Estimate	C. R.	P
生产设备	←	政府直接行为	0.472	6.135	***
人力资源	←	政府直接行为	0.219	3.061	0.002
生产制造能力	←	政府直接行为	0.237	2.699	0.007
关系资源	←	开发区政策	0.234	2.521	***
生产制造能力	←	开发区政策	0.155	1.960	0.004
营销能力	←	开发区政策	0.314	2.656	***
生产设备	←	产业技术政策	0.239	3.241	0.001
关系资源	←	产业技术政策	0.322	2.880	0.004
生产制造能力	←	产业技术政策	0.355	3.663	***
组织管理	←	产业技术政策	0.371	3.388	***
企业家能力	←	产业技术政策	0.304	2.801	0.005
人力资源	←	城市化政策	0.403	5.252	***
关系资源	←	城市化政策	0.349	3.385	***
组织管理	←	城市化政策	0.280	2.867	0.004
营销能力	←	城市化政策	0.314	4.498	***
企业家能力	←	城市化政策	0.288	2.926	0.003

拟合指标	x^2	P	DF	x^2/DF	RMSEA	GFI	NFI	CFI
数值	5212.618	0.000	3148	1.6558	0.073	0.927	0.931	0.926

从图 4.21 和表 4.65 可以看出：第二次修正模型的 x^2 值为 5212.618 （/DF = 3148），P = 0.000，x^2/DF = 1.6558 < 2，拟合较好；模型的 RMSEA 值为 0.073，小于的参考值 0.08，在可接受的区间内；GFI、NFI、CFI 的值分别为 0.927、0.931、0.926，仍然

保持不变，均大于 0.90 的参考值；所有显变量与潜变量之间的标准化路径系数均在 0.5 以上，相应的 C. R. 值全部在大于 1.96 的参考值；表明全部标准化路径至少在 P = 0.05 的水平上具有统计上的显著性；结构方程二次拟合良好，常州地方政府行为对常州民营企业竞争优势要素作用机制的模型最终确立。

五、实证分析结果和讨论

本研究通过对苏南及苏州、常州两个地市级行政区域中的样本民营企业的问卷调查，获得了 561 份有效问卷和研究数据。在此基础上，运用探索性因子分析、验证性因子分析等统计分析方法，对苏南、苏州、常州地方政府行为和民营企业竞争优势要素体系及其测量量表的信度和效度分别进行了检验并运用回归分析、结构方程模型等统计分析方法，就地方政府行为对民营企业竞争优势要素作用机制的理论模型和研究假设分别进行了验证分析。经过必要的检验和两次修正并最终确立的苏南理论模型（修正）参见图 4.22，对相关研究假设的检验结果参见表 4.66；最终确立的苏州理论模型（修正）参见图 4.23，对相关研究假设的检验结果参见表 4.67；最终确立的常州理论模型（修正）参见图 4.24，对相关研究假设的检验结果参见表 4.68。

从图 4.22 和表 4.66 可以看出，苏南地方政府行为由政府直接行为、开发区政策、产业技术政策、城市化政策四大要素构成，苏南民营企业竞争优势来源于设备资源、人力资源、关系资源、生产制造能力、组织管理能力、营销能力和企业家能力 7 大要素；地方政府行为要素分别对相应的民营企业竞争优势要素产生显著的正向影响和作用。通过文献阅读、归纳演绎和逻辑推理提出的 18 条要素作用路径假设中，有 16 条路径假设得到了实证分析的充分支持，2 条路径假设（H2、H4）不被实证分析所有效支持。

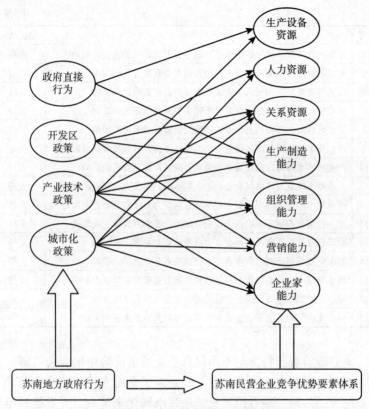

图 4.22　苏南地方政府行为对民营企业竞争

优势要素机制的理论模型（修正）

表 4.66　　　　苏南地方政府行为对民营企业竞争优势

要素研究假设的验证结果

序号	研究假设	验证结果
H1	政府直接行为对苏南民营企业生产设备资源有显著正向影响	支持
H2	政府直接行为对苏南民营企业人力资源有显著正向影响	偏弱
H3	政府直接行为对苏南民营企业生产制造能力有显著正向影响	支持

续表

序号	研究假设	验证结果
H4	开发区政策对苏南民营企业生产设备资源要素有显著正向影响	偏弱
H5	开发区政策对苏南民营企业人力资源要素有显著正向影响	支持
H6	开发区政策对苏南民营企业关系资源要素有显著正向影响	支持
H7	开发区政策对苏南民营企业生产能力要素有显著正向影响	支持
H8	开发区政策对苏南民营企业营销能力要素有显著正向影响	支持
H9	产业技术政策对苏南民营企业生产设备资源要素有显著正向影响	支持
H10	产业技术政策对苏南民营企业关系资源要素有显著正向影响	支持
H11	产业技术政策对苏南民营企业生产制造能力要素有显著正向影响	支持
H12	产业技术政策对苏南民营企业组织管理能力要素有显著正向影响	支持
H13	产业技术政策对苏南民营企业企业家能力要素有显著正向影响	支持
H14	城市化政策对苏南民营企业人力资源要素有显著正向影响	支持
H15	城市化政策对苏南民营企业关系资源要素有显著正向影响	支持
H16	城市化政策对苏南民营企业组织管理能力要素有显著正向影响	支持
H17	城市化政策对苏南民营企业营销能力要素有显著正向影响	支持
H18	城市化政策对苏南民营企业企业家能力要素有显著正向影响	支持

　　地方政府直接行为对苏南民营企业竞争优势中的人力资源要素影响偏弱，说明苏南民营企业已经脱离了政府直接干预企业劳动力要素配置的阶段，企业用工已经通过市场化来解决。开发区政策对苏南民营企业竞争优势中的生产设备资源要素影响偏弱，说明地方政府的开发区政策更多偏重于政府的用地政策、财税政策等政策性工具使用，对企业具体的生产技术提高不直接影响，企业入驻开发区与企业内在生产能力的提高没有一一对应。政府开发区政策对民营企业竞争优势中的组织管理能力要素的影响没有通过验证，与生产设备要素具有关联性，开发区政策影响的是民营企业的战略决策性行为，对具体的生产行为影响不直接。地方政府的城市化政策对民营企业竞争优势中的营销能力要素影响没有获得回归分析的支持，由此可以看到，企业的营销活动不主要依赖当地，换句话说，

苏南民营企业的市场营销战略是外部性的，不以当地市场容量为根据。

在总体苏南地方政府行为对苏南民营企业竞争优势作用机制的实证分析后，具体到苏州、常州的表现会不会出现差异？如果出现差异会表现在什么方面？这些差异会验证我们在本研究中对地方政府行为变迁过程中所做的分析判断吗？

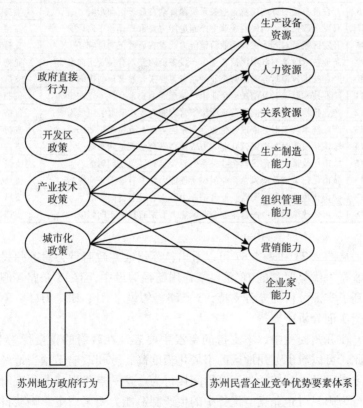

图 4.23 苏州地方政府行为对民营企业竞争优势要素机制的理论模型（修正）

表 4.67　　　　苏州地方政府行为对民营企业竞争优势
要素研究假设的验证结果

序号	研究假设	验证结果
H1	政府直接行为对苏南民营企业生产设备资源有显著正向影响	偏弱
H2	政府直接行为对苏南民营企业人力资源有显著正向影响	偏弱
H3	政府直接行为对苏南民营企业生产制造能力有显著正向影响	支持
H4	开发区政策对苏南民营企业生产设备资源要素有显著正向影响	支持
H5	开发区政策对苏南民营企业人力资源要素有显著正向影响	支持
H6	开发区政策对苏南民营企业关系资源要素有显著正向影响	支持
H7	开发区政策对苏南民营企业生产制造能力要素有显著正向影响	支持
H8	开发区政策对苏南民营企业营销能力要素有显著正向影响	支持
H9	产业技术政策对苏南民营企业生产设备资源要素有显著正向影响	支持
H10	产业技术政策对苏南民营企业关系资源要素有显著正向影响	支持
H11	产业技术政策对苏南民营企业生产制造能力要素有显著正向影响	偏弱
H12	产业技术政策对苏南民营企业组织管理能力要素有显著正向影响	支持
H13	产业技术政策对苏南民营企业企业家能力要素有显著正向影响	支持
H14	城市化政策对苏南民营企业人力资源要素有显著正向影响	支持
H15	城市化政策对苏南民营企业关系资源要素有显著正向影响	支持
H16	城市化政策对苏南民营企业组织管理能力要素有显著正向影响	支持
H17	城市化政策对苏南民营企业营销能力要素有显著正向影响	支持
H18	城市化政策对苏南民营企业企业家能力要素有显著正向影响	支持

从图 4.23 和表 4.67 可以看出，苏州地方政府行为对苏州民营企业竞争优势要素的 18 条要素作用路径假设中，有 15 条路径假设得到了实证分析的充分支持，3 条路径假设（H1、H2、H11）不被苏州实证分析所支持。

在苏州模型中，不支持的要素主要表现在政府的直接行为上，因此，可以看出苏州地区的市场化程度高，苏州政府干预当地经济的方式已经由直接行为让渡给间接行为。这一点可以从苏州政府直接行为中只对企业竞争优势中的生产制造能力要素产生影响获得进一步的验证，苏州政府对企业的影响已经不再涉及具体的生产要素了。苏州地区民营企业竞争优势中的组织管理能力对苏州政府的开发区政策没有响应。由此，可以看到苏州政府的开发区政策着眼点是行业性的外部条件，而非企业性的内部性竞争要素。苏州政府的城市化政策对苏州民营企业竞争优势要素的影响全部通过检验，说明，苏州政府的职能已经进入到第三个阶段，即政府通过提供公共物品来改变影响经济的方式，苏州民营企业可以更多地利用苏州政府的公共产品及准公共产品来内化为企业的竞争优势要素。

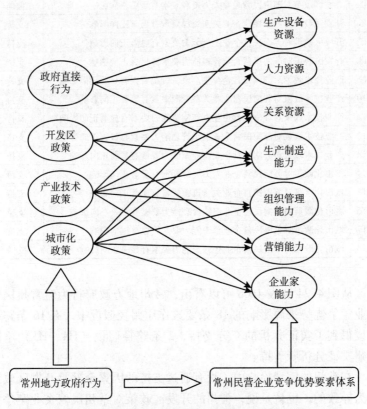

图4.24　常州地方政府行为对民营企业竞争优势
要素机制的理论模型（修正）

表 4.68　　　常州地方政府行为对民营企业竞争优势
要素研究假设的验证结果

序号	研究假设	验证结果
H1	政府直接行为对苏南民营企业生产设备资源有显著正向影响	支持
H2	政府直接行为对苏南民营企业人力资源有显著正向影响	支持
H3	政府直接行为对苏南民营企业生产制造能力有显著正向影响	支持
H4	开发区政策对苏南民营企业生产设备资源要素有显著正向影响	偏弱
H5	开发区政策对苏南民营企业人力资源要素有显著正向影响	偏弱
H6	开发区政策对苏南民营企业关系资源要素有显著正向影响	支持
H7	开发区政策对苏南民营企业生产能力要素有显著正向影响	支持
H8	开发区政策对苏南民营企业营销能力要素有显著正向影响	支持
H9	产业技术政策对苏南民营企业生产设备资源要素有显著正向影响	支持
H10	产业技术政策对苏南民营企业关系资源要素有显著正向影响	支持
H11	产业技术政策对苏南民营企业生产制造能力要素有显著正向影响	支持
H12	产业技术政策对苏南民营企业组织管理能力要素有显著正向影响	支持
H13	产业技术政策对苏南民营企业企业家能力要素有显著正向影响	支持
H14	城市化政策对苏南民营企业人力资源要素有显著正向影响	支持
H15	城市化政策对苏南民营企业关系资源要素有显著正向影响	支持
H16	城市化政策对苏南民营企业组织管理能力要素有显著正向影响	支持
H17	城市化政策对苏南民营企业营销能力要素有显著正向影响	支持
H18	城市化政策对苏南民营企业企业家能力要素有显著正向影响	支持

从图 4.24 和表 4.68 可以看出，常州地方政府行为对常州民营企业竞争优势来源影响的 18 条要素作用路径假设中，有 16 条路径假设得到了实证分析的充分支持，2 条路径假设（H4、H5）不被常州实证分析所支持。

在常州的模型检验中，没有通过支持的因素全部是开发区政策行为导致的，也就是说，常州的开发区政策对常州民营企业竞争优势要素形成的影响力与理论假设有偏差。具体表现为，开发区政策对企业竞争优势中的生产设备资源要素、人力资源要素不支持，说明常州开发区政策对企业的战略性决策构成影响，而对企业的具体经营行为中的生产设备资源、人力资源要素过程影响不大。可以看出政府单纯的用地政策、财税政策等宏观的政策性工具与企业的管理性微观工具需求应该对应，而常州地区民营企业的竞争优势中生产设备资源、人力资源是提升企业竞争力的基础，基础资源供给、补充不足影响企业发展的后劲。

营销能力要素对政府的开发区政策、城市化政策都不支持，说明常州民营企业的市场不局限在常州本地，而在苏南的总量模型中也反映出，苏南政府的城市化政策不支持民营企业竞争优势中的营销能力要素，进一步补充说明常州民营企业的市场也不局限在苏南地区，企业市场的外部性特征明显，企业的市场开拓更依赖企业自身的资源。

第五章

结论与展望

一、主 要 结 论

在地方政府影响下，企业通过对环境中的要素吸收内化并进行沉淀、积累逐步形成竞争力的过程。这个过程具体涉及哪些要素、通过什么方式、地方政府提供的外在环境通过什么路径作用到企业？地方政府提供的环境要素作用到企业内在的什么要素最后形成企业的竞争优势？本书对此做出了分析判断，并提出了地方政府影响苏南民营企业竞争优势要素的作用机制，以及在此机制下两者之间的影响模型，通过实证对模型进行了验证。

（一）苏南民营企业竞争优势要素体系的具体构成

企业竞争优势理论的形成既是见证古典经济学、制度经济学、管理学、战略管理等理论的产生、发展过程，也是自身由外在到内在的一个成长过程。虽然众多理论中都可以找到影响企业竞争优势形成的要素，但本书在研究思想上抓住企业的本质是生产要素的聚合，只有在生产要素集聚的基础上才谈得上企业内在对生产要素的进一步加工、深化、提升。只是，不同的发展时期企业的生产要素形态表现不同，也正是因为生产要素的不同表现形态才能更好地梳理企业的成长阶段。因此，本书把企业资源当成关键，围绕着企业资源的不同形态整理企业竞争优势要素——通过由内而外，企业内独断到企业与外在环境中的主体形成共享要素；由低及高，纯粹性的企业资源要素到资源要素内生能力后形成的能力要素——具体包括：生产设备资源、人力资源、关系资源、生产制造能力、组织管理能力、营销能力、企业家能力七个要素。

这七个要素分别通过了苏南地区模型、苏州地区模型、常州地区模型的检验，虽然在苏州、常州两地各要素的偏重有所不同，但都不影响统计上的一致性。这充分说明对本研究的判断给予支持，也把研究问题相对简化，使研究重点更能够集中。

（二）地方政府要素体系的具体构成

政府对经济活动有影响作用，这个结论不仅是中国经济问题研究的前提，也是世界经济问题研究中的一个内生变量。当然，作为转型经济过程而言，中国经济在地方政府行为的命题上不是假设地方政府是否对民营企业竞争优势要素有影响，而是地方政府如何影响民营企业竞争优势要素、地方政府通过什么路径影响民营企业竞争优势要素的获得、地方政府影响民营企业竞争优势要素的方式会向哪个方向变迁。

本书根据中国经济转型过程中，中央政府启动经济发展是渐进式的，在渐进过程中地方政府对经济影响方式由直接向间接转变，由单纯的行政手段向行政、经济混合手段再向单纯经济手段转变这一般规律，归纳出地方政府影响苏南民营企业竞争优势要素的行为主要包括直接行为与间接行为，其中间接行为又包括开发区政策、产业技术政策、城市化政策。根据本研究的采集样本，在实证分析阶段，通过探索性因子分析和验证性因子分析，地方政府影响民营企业竞争优势要素环境及其影响民营企业获得竞争要素的方式及路径得到验证通过，并且对地方政府影响民营企业竞争优势要素的具体体系结构进行了信度和效度检验并得到了有效验证。这一要素体系的构建，对分析地方政府影响民营企业竞争优势要素的笼统说法，细化地方政府行为的具体表现有一定理论价值，对相关领域的研究具有一定的借鉴参考意义。

地方政府对苏南民营企业竞争优势要素作用的具体表现为：

1. 地方政府直接行为对苏南地区两地民营企业的生产设备资源、生产制造能力有共同影响；对常州人力资源有影响。苏南民营企业起源于乡镇企业，基层政府的干预是企业生存、成长的约束条件，而民营企业的起步基本上是因地制宜、就地取材，对于企业的生产而言，生产设备成为企业能否存在的前提条件。苏南地区以制造业为产业主要表现形态，生产制造能力是生产设备的一个延续表现，生产设备的先进程度、生产技术操作所表现的生产工艺对于苏南民营企业来说更具有现实意义，这两个因素甚至在一定程度上可以替代人力资源、组织管理等要素。实证的结果验证的是我们对苏南民营企业成长过程的基本判断，总量模型、苏州模型、常州模型都得到证实，地方政府的直接行为影响了民营企业竞争优势的生产设备资源要素、生产制造能力要素。

相比较而言，常州还表现出地方政府直接行为对民营企业竞争优势中人力资源要素、关系资源要素的影响显著。地方政府的直接行为对于启动市场化阶段而言是必不可少的，但是政府的直接干预对于企业的市场化运作来讲最终是效率低下的，否则我国也没有必要改革计划经济体制。因此，地区民营企业发展受地方政府直接行为影响因素的多少也能够变相地代表地区市场化进程。常州地区民营企业竞争优势中的人力资源要素、关系资源要素还受政府直接行为影响，说明，常州地方政府还用干预的方式去影响民营企业的用工、人力安排等。同时，常州地方政府的直接行为还能够构成常州地区民营企业的关系资源竞争优势要素，说明常州的企业与常州政府之间的关系还存在着你中有我，我中有你的直接（准直接）关系。

当然这样的影响关系不能说明，或者证明常州地区民营企业的竞争优势就不及苏州地区民营企业的竞争优势，因此，这也是本研究应该继续深入之处：比较苏州与常州民营企业的规模大小、民营企业被国有或被国有控制的程度等指标。继而，比较分析出政府直接行为对当地民营企业竞争优势要素影响的效率。

2. 地方政府开发区政策对苏南民营企业竞争优势要素的影响。在总量模型中，地方政府的开发区政策对苏南民营企业竞争优势中的人力资源要素、关系资源要素、生产制造能力要素和营销能力要素有影响。这个实证的结论符合本研究的理论推断。开发区政策是苏南地方政府在直接行为后采取的第二个政策变量对民营企业经济活动进行影响的工具。开发区政策体现的政府行为已经由直接向间接过渡，由政府直接影响民营企业经营到为民营企业提供有利于民营企业选择生产要素形成竞争优势的外在环境。因为，民营企业成长具有梯度递进及路径依赖，虽然政府的影响改为间接，但民营企业比较受用的还是从直接到间接，从具体到抽象；因此，在民营企业竞争优势受影响的要素排序中人力资源要素、营销能力要素、生产制造能力要素、关系资源要素。

苏州、常州就开发区政策要素的比较：

苏州模型表现出，开发区政策要素对苏州民营企业竞争优势要素中的生产设备资源、人力资源、关系资源、生产制造能力、营销能力七个竞争优势要素中的五个因素有影响。说明苏州政府的开发区政策对苏州民营企业竞争优势的形成影响全面。事实表现也是如此，苏州在进行乡镇企业股份制改造后，苏州政府积极探索开发区的建设，苏州借鉴昆山自费建立开发区的经验，经国务院批准于1992年10月和11月分别建立了张家港保税区和苏州高新技术开发区；同年昆山开发区被国务院批准为国家级经济开发区；1994年2月苏州又与新加坡政府合作开发建立了苏州工业园区。与此同时一批省级经济开发区如吴江经济开发区、太仓经济开发区相应建立。截至20世纪90年代末苏州共建立了5个国家级、11个省级经济开发区。苏州开发区给出的条件首要的是税费减免，吸引外资企业，而外资企业进驻开发区带进来的是现成的生产条件，以生产设备、生产制造能力为表现；同时，开发区提供的一些辅助的人力资源市场为企业招工提供便利，表现出开发区对民营企业的人力资源要素有影响。政府设置开发区的绩效，除了帮助企业发展的政府应尽之责外，政府也可以通过提供开发区要素形成对企业的影响和控制，尤其生产要素稀缺的改革初期，政府绩效与要素控制成正比。因此，民营企业为了获得生产要素也会向政府求助资源，这个过程通过民营企业的关系资源要素内化为苏州民营企业竞争优势的一个要素。开发区对民营企业竞争优势中的营销能力也构成影响，是因为，民营企业最初是因为开发区的政策而选择入驻，但是入驻之后由于生产性投入形成专有资产，专有资产增加了民营企业离去的成本，离去成本又促使民营企业增加在开发区的投入继而进一步强化专有资产；民营企业有了专有资产就会提高其利用价值而增加收益，于是民营企业因专有资产产生了开发区内企业与企业之间的联系，长期交易、稳定的企业间的生产关联性联系形成了开发区企业之间的共享资源，共享资源让民营企业之间由交易链条固化成民营企业生产过程中的产业链间的产业交易环节，最后导致民营企业的营销能力竞争优势要素。所以，我们看到苏州的开发区政策是由政府行为开拓后交由市场交易固化为民营企业竞争优势要素的过程，政策因素这个外生变量逐步内化为民营企业竞争优势的内生变量。

常州数量模型中，常州开发区政策对常州民营企业竞争优势要素只影响到关系资源、生产制造能力和营销能力。由此，我们可以推断出，常州地区的开发区政策没有影响到当地民营企业的生产设备这个制造业的首要要素，对生产制造能力的影响在三个要素中也是排在最后的，说明外资企业在数量与质量上不如苏州，没有表现出外资对当地生产能力的输入、辅导及拉动。常州开发区政策对当地民营企业的关系资源要素、营销能力要素的影响基本相当，没有企业聚集形成的产业分工与产业合作，营销能力不表现为企业上下游产业链间的商品交易，只能表现为与政府提供关系资源的变现，说明开发区政策的影响对于当地民营企业而言更多地表现为政府提供的优惠政策要素，民营企业要靠与地方政府沟通来获得企业要素。

由此，我们看到，虽然都是开发区政策，但由于着力点不同，既可以形成产业的自发演进过程，也可以形成对政府的单纯依赖，就像一个孩子离开大人的喂养就长不大。"孩子"依赖是天性，如何喂养是"成年人"可以选择与引导的。

3. 产业技术政策对苏南民营企业的影响。总量模型中，苏南产业技术政策影响了苏南民营企业竞争优势中的生产设备要素、关系资源要素、生产制造能力要素、组织管理能力要素及企业家能力要素。产业技术政策直接体现地方政府的意愿及地方政府对待当地产业发展的态度，因此，地方政府会在想发展的产业上给出优惠，对要限制发展的产业上给出惩罚或者不作为。对待地方政府产业政策的响应一方面取决于民营企业对机会的捕捉，另一方面也体现出民营企业生产转换的门槛。从总量模型中我们看到，产业技术政策影响到生产设备、人力资源这样的民营企业选择要素，说明苏南民营企业的竞争优势还是在地方政府指导下开始形成，民营企业之前的生产、技术对民营企业选择政府提供的产业指导不构成民营企业的转换成本，地区性民营企业没有遭遇产业转换的门槛。同时，由于在地方政府产业技术政策的引导下，可以把地方政府政策内化为民营企业竞争优势要素，表现为民营企业转化为自身的生产制造能力要素、组织管理能力要素，说明民营企业在地方政府产业技术政策指导下可以持续成长，通过成长内化地方政府政策；当然也说明苏南地方政府的产业技术政策有一定的稳定期。在地方政府产业技术政策的外部环境中民营企业通过企业家能力表现出反应，这说明苏南民营企业的发展中有企业家与地方政府沟通来落实政府政策效应的路径。

　　苏州模型中，苏州政府的产业技术政策对苏州民营企业竞争优势中的企业家能力影响 0.47，对企业的组织管理能力影响 0.41，对企业的营销能力影响 0.19，对企业的生产设备要素影响 0.08，对关系资源要素影响 0.08，对生产制造能力影响 0.01。由此，我们看到苏州民营企业对地方政府提供的产业技术政策主要表现为企业家对政府机会的洞察及把握，而且通过企业家选择与政府指导互动后能够很快内化为企业的高级成长表现的竞争优势要素。政府的产业政策对苏州民营企业的生产设备、关系资源及生产制造能力影响偏弱，说明一方面民营企业的生产经营活动依赖于企业自身所建立的生产销售系统，不再依赖政府因素作为民营企业发展的启动阶段；同时，另一方面也预示着苏州民营企业面临着既有产业成熟，对新兴产业吸收会遇到资金、技术等方面的转换门槛，地方政府提供的产业技术政策成为民营企业内化过程中成本与收益的比较过程，地方政府政策的效果依赖于政府的投入大于民营企业转换成本才可能激发民营企业的动力。

　　常州模型中，常州政府的产业技术政策对常州民营企业竞争优势的影响表现为：对关系资源要素影响 0.4，组织管理能力影响 0.37，企业家能力影响 0.37，生产制造能力影响 0.36，生产设备要素影响 0.23。以上实证让我们明显看到常州政府的产业技术政策对常州民营企业的影响度远远超出苏州政府产业技术政策对苏州民营企业的影响度。换句话说，常州民营企业的发展更响应政府提供的产业技术政策行为。在苏南民营企业的发展过程中，地方政府的行为变化基本是相同节奏的，也就是说，苏州与常州没有出现政府调控政策上的反节奏或者差异化。由于在开发区政策的政策响应上，常州民营企业反应滞后于苏州民营企业，表现出常州民营企业没有形成聚集，也没有形成很好的产业之间相互的贸易交流与商品交易，开发区更多发挥的是形式作用而不是功能作用。也正因为此，常州地区民营企业没有构筑产业转换的门槛，更多地表现出民营企业还在寻找主业、选择企业核心竞争力的过程中。常州地区民营企业对常州政府提供的产业技术政策反应强烈，表现出的企业家能力要素、关系资源要素、组织管理能力要素尤为突出，说明，常州地方政府通过产业技术政策寻找常州经济增长点，增强常州的跨越式发展更多是扶持重点企业、重点行业，而不是苏州以开发区为带动多点的遍地开花，政府集中资源重点发展支持性民营企业，而政府的行为能够集中火力点。

常州政府产业技术政策行为是否能够让常州实现跨越式发展，具有后发优势，这是本研究之后有待进一步深入的地方。

4. 城市化政策对苏南民营企业竞争优势的影响。总量模型中，城市化政策对苏南民营企业竞争优势要素的影响是人力资源要素、关系资源要素、生产制造能力要素、组织管理能力要素、企业家能力要素。城市化政策在本研究的政府行为要素中对民营企业竞争优势要素的影响是最间接的一个，通过政府行政管理所提供的公共管理能力为民营企业完善成长环境，政府成为环境的建设者而不再是民营企业经营的干预者。政府通过公共管理提供了公共产品，例如，社会保障体系建设培植了当地的人力资源市场，通过文化建设培植地域的品牌与文化，使企业具有凝聚的核心，通过城市服务让更多的人才因城市生活而留下……因此，城市化政策通过间接方式影响民营企业对环境要素的获取，民营企业是否能够获取政府提供的这些要素取决于民营企业内在的转化能力及民营企业与外在环境的互动方式。当然，城市化因素也是本研究中希望得到的两个地区差异所表现出民营企业当地的市场化程度指标。

苏州模型，城市化政策对苏州民营企业竞争优势要素中的关系资源要素影响 0.41，人力资源要素影响 0.36，组织管理能力要素影响 0.13，企业家能力影响 0.09。苏州地区民营企业的发展是在开发区政策时期有一个飞速成长过程，民营企业的成长会积累民营企业的竞争能力形成竞争优势，相应也带来了地区民营企业的产业方向与产业结构，因此，苏州民营企业在开发区政策之后的发展都是基于开发区政策效应后的延续或突破。由于城市化政策的公共管理性，民营企业对政府政策的反应变成对政府提供公共物品的吸收能力，由此，我们看到苏州地区的民营企业表现在对政府提供基础资源的吸收上，即民营企业反应强烈的是对由于城市化政策在环境中提供的人力资源要素，企业交易过程中形成的关系资源要素的吸收；由于城市化政策增加了劳动人口的生活福利，民营企业的各类人才及高级人才的留存与迁入强化了民营企业组织管理能力的定着及培养。这时苏州民营企业已经脱离了企业发展过程中由于一两个好的项目而成就一个企业的阶段，因此，企业家能力对于城市化政策反应偏弱，企业家能力对于民营企业的意义更在于爆发时期的成长，民营企业常规成长由依赖爆发式的个人向企业平和成长更依赖内在组织学习、沉淀的能力。

常州模型，常州城市化政策对常州地区民营企业竞争优势要素的影响：对关系资源要素的影响 0.37，营销能力要素影响 0.37，人力资源要素影响 0.35，企业家能力要素影响 0.29，组织管理能力影响 0.28。城市化政策对民营企业竞争优势影响的强度中我们仍然可以看出，常州地区比苏州地区民营企业对城市化政策响应更强烈。常州政府提供地区发展政策，其中政府的政策函数也会表现为政府改变当地经济发展的方式与道路，因为，经济发展作为上级政府对下级政府的考核决定了政府领导的个人命运；同时，经济发展也是同级政府官员竞争领导岗位的 PK 赛。从某种程度上说，常州政府领导想发展常州地区经济的愿望比常州民营企业的意愿还强烈，因为民营企业可以通过选址实现"用脚投票"；而地方政府除了死守当地背水一战别无选择。常州政府既会创造条件挽留当地的大户企业，也会摇摆橄榄枝招商有竞争力的外来企业。因此，在常州地区民营企业竞争优势要素的构成中，对城市化政策既表现出企业起步对资源要素的依赖，比如说人力资源要素、关系资源要素，也表现出民营企业主体的企业家与政府对话的能力，企业家能力的影响权重远远高于苏州地区民营企业企业家对苏州地方政府提供城市化政策的反应。常州民营企业的营销能力也对常州政府的城市化政策有一定程度的反应，说明，常州政府提供城市化政策中有利于外来企业入驻，而且这样的企业对本地原有民营企业体现出产销上的配套，使常州民营企业的市场部分地内化在当地。

二、一般性结论

（一）地方政府对民营企业竞争优势要素形成提供来源

1. 地方政府能够主导改革转型。罗兰德的研究表明，维持一个完整和坚强有力的政府，通过其宏观调控对改革进行主动干预，从而保证转型过程中的政治决策机制不会混乱瘫痪，缩小转型过程中财富和收入的不平均，在强化激励作用，提高整个经济的效率的同时，建立一个完善的与整个宏观调控措施的目标、手段相协调的社会保障体系，从而协调好转型过程中各项制度构建，协调好各个市场之间的关系，为整个社会经济的稳定以及体制转型的顺利进行提供保障是至关重要的（罗兰德，1995）。地方政府对改革的主导，首先体现在进行制度创新，就是通过制度创新来培育市场，建立符合市场经济运行的新秩序。在转型时期，地方政府的制度创新职能主要有：合理安排制度创新的内容；防范制度变形和旧体制复归。其次，地方政府还掌握制度创新的速度、时间和先后顺序。在不同的时间，采取不同的速度、形式（渐进式和激进式）与先后次序等，都会降低改革成本，引起动力阶层和阻力阶层的分化与改组，使得制度创新的绩效不同。因此，地方政府合理地安排制度创新的时间、速度和先后次序至关重要。

2. 地方政府在市场化过程中培育和发展了市场体系。市场体系和市场机制的形成，并不像萨克斯所认为的那样，政府计划官僚机构一旦退出原位，市场马上就会繁荣起来。值得指出的是，市场化的制度转型，对地方政府来说，就是转换角色及职能。一是"管什么"的转换，即从私人领域、竞争性领域、微观领域转到公共领域、非竞争性领域、宏观领域。随着市场化进程的不断深入，政府应逐渐承担起公共服务职能。二是"怎么管"的转变，即从直接的、行政的、参与式的、人治式的、随机式的转到间接的、经济手段为主的、裁判式的、法治的、规范程序化的管理。转换角色及职能并不意味着削弱政府权威，恰恰相反，是在"有进有退"、"有所不为而有所为"的转换中，地方政府权威和责任会变得更加重大，主导作用得以真正发挥。

3. 地方政府的企业环境构建中包括提供社会保障体系。伴随着市场竞争而来的还有风险，这是个人追求经济利益的成本，也是社会追求市场效率的代价。如果没有一种有效的机制来规避风险，这种成本和代价就会高昂到威胁市场竞争的失败者和弱者基本生存的程度，甚至会危及社会稳定和改革的顺利推进。因此，社会保障制度作为一种规避风险的有效机制，已成为现代市场经济不可分割的组成部分。也就是说，地方政府对于企业竞争优势要素的影响会随着市场化程度的加深，由提供直接生产要素变成提供企业生存、发展的环境要素，政府职能由直接行为向提供公共产品的服务行为转变。社会保障这样的公共物品提供已经责无旁贷地落到地方政府指导当地经济发展的肩上。

4. 对地方政府行为要有阶段性的预期。现有的研究表明，政府和市场是互动的态势，处在不断的变化之中，抽象地、静态地划定这一界线实际是不恰当的。首先从物品提供的角度（理论上有私人物品和公共物品之分，这也是区分政府和市场关系的一个标准）看，物品本身依经济的发展和物品的内在特性而变化，要从物品的角度分辨市场和政府干预的界线是不可能的；其次就市场运行来看，因信息的不完全而常常导致市场失灵。斯蒂格利茨就此指出：有关信息的假设是一个严重的错误，现实中价格并不能传递所有相关的信息，因而在现代市场经济中也存在着市场失灵现象。

转型国家向市场经济的过渡存在着许多的不确定性。并不是只要具备竞争和私有化这两个条件，市场机制就会运作得非常好。政府作用的重新界定并不是一成不变的，这就要把握好对地方政府职能提供的预期。

首先，地方政府的改革与经济发展和市场发育程度相结合，在不同的阶段，政府的作用是不同的，因而干预的范围、干预的方式和干预的措施应是不同的。地方政府发挥作用的机理必须与市场逻辑所规定的市场经济内在法则相吻合，地方政府经济职能演进的规律必须坚持以市场机制为基础。

其次，要把地方政府行为所提供的民营企业竞争优势要素纳入到制度化建设过程之中。在长期的政府改革过程中，一些基本的规范相应沉淀凝结为制度规则。如在市场交易刚起步时，政府充当中介组织，比民间中介可能要有效得多，但一旦稳定的交易关系形成，政府就应隐退，而这时政府的作用就是制定和维持规范的交易规则，同时其收益就由中间人的佣金转向征收规范的税金，而不是一直居间去设租寻租。从这个角度来看，地方政府提供的民营企业发展环境因素还具有更多更广泛的实证研究。

最后，地方政府提供的环境要素是宏观经济稳定与微观转型结合的产物。在转型初期，作为转型推动者的地方政府的决策毫无疑问是必需的，但当转型走上正轨后，很多需要深化改革的领域依然需要得到地方政府的支持，在这方面地方政府的决策行为不仅是为了摧毁旧体制，还应当制定各种制度，完善法律体系，规定私营部门之间以及私营部门与地方政府的关系，使市场能够高效运作。

（二）民营企业竞争优势要素形成由地方政府提供到地区企业集聚分享共享资源

能否形成企业竞争优势，获得竞争优势要素是关键，这意味着民营企业竞争优势要素本身存在由低到高逐步发展过程。民营企业的竞争优势中有相互关联后产生的关系资源要素、营销能力要素、企业家能力要素等高级形态的竞争优势要素，而这些要素不会仅仅局限在一个企业内部，会跨越企业边界在企业与企业互动中形成地区性资源要素。这意味着区域民营企业会集聚，而集聚企业群内部形成分工合作关系，企业集群内部分工合作关系的形成又以新的共享资源的产生为前提。其关系可以用图5-1表达。

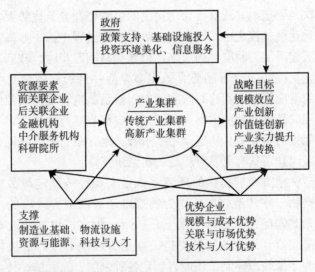

图5-1　地方政府、企业竞争优势互动模型

因此地方政府与民营企业竞争优势要素之间有如下的内在特征：

（1）民营企业竞争优势由单一民营企业到地区民营企业的聚集。也即是地理临近性和组织临近性的综合，既有因产业集中而形成的集群，也有因地理集中而形成的集群，民营企业集聚与地域集中是既相互区别又相互联系的，前者以大型企业集团化为基础，后者以中小企业为基础。总体形成相互配套的产业集群结构体系。

（2）民营企业竞争优势形成以专业化为基础，以市场化为纽带，以组织化为载体。这是说，民营企业在追求持久利润时，通过内部分工必然会向外部分工转化，使专业化达到一定的程度，借助市场化在一定区域形成地域专业化分工。企业聚集是市场化的客观过程，地方政府行为顺应这个过程，企业竞争优势表现为地区优势；地方政府行为不顺应这个过程，表现为民营企业竞争优势分散，无法形成地区优势。

（3）企业集聚具有自发性。地区企业竞争优势实际是企业主体在一定地域范围的集聚，地方政府的行政规划只起辅助作用。这是说，民营企业竞争优势形成以获得竞争优势要素及其获得的便利性为条件，尤其是在两个政府主体具有地理临近性时，强行的干预反而是导致企业离弃的原因，因此，市场化过程深化苏南地方政府行政主体的作用更多地体现在基础条件的提供上，如基础建设提供和基本市场规范的提供。

（4）民营企业竞争优势要素的来源与获得，要从动态的角度看待对资源的利用。本研究就是剥离民营企业竞争优势要素中的非关键因素，从企业内部形成竞争优势角度入手，找到资源要素这一关键变量。但是，民营企业竞争优势的形成是一个动态过程并且要持续性地转化，这样需要对资源的利用动态化，而动态变化的特征取决于共享资源的特点，总体上资源是由自然资源向社会资源再向合作性资源转变，进而可以在共享资源基础上区分不同的民营企业竞争优势的发展阶段。

三、政策建议

（一）常州民营企业具有后发优势

在常州地区的民营企业对目前常州地区政府给出的产业技术政策、城市化政策都给出了强烈响应。说明，常州地区还没有太多的产业壁垒与产业转换门槛，也许这是以常州开发区政策发展滞后于苏州为代价，同时，也为常州高起点的产业构建奠定了基础。

地区企业没有形成产业壁垒既是机遇也是挑战，常州地区民营企业的发展还依赖于政府给出的要素，依赖政府指导的产业方向，那政府选择的适用性关系到一个地区的腾飞还是塌陷。中国改革开放30多年，我国企业发展仍然在延续政府的指导也给政府带来了莫大的压力。

（二）苏州政府注意产业门槛的利弊

苏州民营企业的发展得益于苏州政府抓住了世界制造业转移的机会，但是世界制造业转移的产业业态不处于产业链的高端。前期的投入锁定后期企业发展的路径，同时，苏州经济的进一步发展还要面临中国经济产业结构升级的国内宏观经济趋势。由于成本的显著差异，产业转出比产业迁入更难。常州地区与苏州地区在政府的产业技术政策、城市化政策的比较上已经看出，苏州民营企业的响应程度都又低于常州。

（三）中国产业政策的调整要考虑现有的产业格局

现有产业格局的形成，既有政府行为引导的外生因素，也有企业内化的内部因素。企业在竞争优势中内化的政府行为还会因为企业与企业之间、企业与政府之间的互动而形成共享资源，因此，政府产业政策的调整不仅仅是调整企业内在的生产要素，还有企业外在与环境互动中形成的共享资源。因此，是继续夯实地区企业间已有的共享资源，还是重新构建企业竞争优势要素，既关系到中央政府的资源配置，也关系到地方政府与中央政府的对话谈判能力，地方政府之间的合作竞争关系。

（四）根据民营企业竞争优势要素形成阶段，地方政府提供相应的政策要素

在改革开放背景下，地方政府经济利益的独立化和利益主体地位的形成，政府行为发生了一系列变化：由于地方财政收入与当地的经济发展水平正相关，地方政府具有强烈的发展本地经济的动机；由于地方政府相对于个人具有更强的组织集体行动的能力，它为使本地在制度安排与资源配置中居于有利地位，就力图通过讨价还价促使权力中心作出有利于本地经济发展的制度安排和政策制定；当地方政府获得部分剩余索取权后，不仅增强了对下级代理人的监督动机，而且常常利用行政力量控制或干预市场。正是在这种地方化利益格局的基础上，我国市场经济的竞争性突出体现出政府介于其间的特点，也就是地区之间的竞争其实是地方政府与当地企业默契合作的一种综合竞争，从发展的阶段看，一开始地方政府主导，后来是企业主导，但地方政府的作用异常突出。

在分权化改革的背景下，地方政府为了追求本地利益，一开始是亲自上阵办企业，后来逐渐是居于其间办市场，然后是集中力量抓基础，再后来是大力发展产业园区，再下来是挖掘潜力经营城市，最近是扩大范围促进区域经济一体化。

第一阶段，政府作用的突出表现是，一方面充分利用隶属于自己的资源办乡镇企业，另一方面对民间企业的发展以及自然形成的商品集散市场采取默许的态度。在当时，无论是家庭工场还是成品集散地的地方合法性，在很大程度上取决于地方政府的态度和立场。

　　第二阶段，政府作用的重点是改善公共基础设施、加强交易制度建设、协调产业发展带来的社会问题等共享基础设施的建设。

　　第三阶段，政府作用的突出表现是，在城镇周边土地上，建设基础设施完善且先进的开发区或工业园区，以便集约用地、加强产业联系，同时缓解集群核心层的承载压力，改善"小、散、乱"的地区产业形象。

　　第四阶段，政府作用的突出表现是，通过构建信息网络平台、营造"虚拟市场"、加快服务创新等手段推动专业市场的功能拓展，使之成为集商品交易、专业会展、信息服务、精品展示、对外开放、地方产业文化培育等多种功能于一体的集群核心商务区。此外，由于地理相邻或行业相关的集群之间发生着日益密切的交互作用，各地政府通过利益均衡，广泛施行跨区域投资与合作战略，地方政府加大服务与制度创新力度，开展地区合作，促进集群间的分工与协作，整合各地优势，优化资源配置，扩大集群原有实体空间。

四、局限及展望

（一）研究总结

　　笔者从地区经济发展的结果出发来求证其变化的过程及变迁的路径，由此想发现地区经济发展变化的路径与依赖线索。本书研究的目标并不是评论两个地区孰强孰弱，谁的成功更有经验，谁的差异就是落后；本书希望找到地区经济成长过程中的影响因素，通过影响因素来改善现有格局，通过改变现有格局推进企业成长的良好环境建设。

　　可喜的是本书基本上达到了预期的设想，通过对苏南地区民营企业发展过程的梳理，依据企业竞争优势理论、地方政府理论对苏南民营企业竞争优势要素的构建提出假设，通过实证验证了假设，证明本研究的设想基本成立。在此基础上再做两地的比较分析，更能找到两个地区民营企业在未来发展中应依托的要素。

本书通过实证，超出笔者当初设想的——认为苏州政府的开发区政策导致苏州民营企业率先成长——苏州政府随后的产业技术政策、城市化政策都会对苏州民营企业市场化引导的程度强于常州。通过实证，结论恰恰相反，由于苏州的率先发展，其地区在企业成长过程中会形成企业与企业间的共享资源，由共享资源内化企业的专有资产的数量及质量，反而使苏州企业面临着改变成本。由此，苏州民营企业对苏州政府的产业技术政策、城市化政策响应度没有达到笔者事前的预想。常州地区民营企业对常州政府的产业技术政策、城市化政策的反应超出笔者事前预想，说明，常州政府一直在探索常州地区经济发展的道路和方式，在这个过程中并不排斥常州有超越的意愿和契合当地的方式。

本研究的实证为笔者今后的研究提供了非常好的教育标本，让笔者在今后的治学道路中学会正反两个方面看问题，通过历史的积累方式推演企业成长的过程，用发展的可能性来评判企业的成长能力。同时，也说明本选题除了作为研究得出一般性的学习研究价值外，也让笔者本人收获了自身成长的价值，这也可谓是对笔者本人来讲的一个创新。

（二）研究局限

本书希望通过两个地区的对比，验证民营企业竞争优势要素与外在环境如何互动及相互转化。这样的课题需要高屋建瓴的视角、坚实雄厚的理论基础、触类旁通的应变能力，这些对于笔者的个人能力来说还是一个挑战。因此，面对庞杂的问题，笔者难免会选择容易处理及笔者能够驾驭的方面，这样的处理也为本选题的研究留下了进一步深入、提升的空间。

1. 样本的调查。样本的调查还可以更全面、更细致。由于本人力量有限，在样本采样过程中，采用了笔者能够取得的资料，而企业对非官方的公益性调查配合度极低。因此，本研究有点像一个工匠在简陋的篷房中，怀揣着梦想用激情和热血探索着。

希望本研究的结论对当地政府有一定的参考，也希望本研究结论对理论研究有一定的参考，由此，在今后进一步的研究中，通过更高层面对采集样本进行影响而使研究结论更进一步解释现状。

2. 研究内容和研究方法。任何事物的影响都是相互的，本书提出政府行为对民营企业的影响，那一定还存在民营企业对政府的影响。本书在研究处理中没有体现这部分反作用力，而这部分反作用力随着地区经济模式的确立、中国宏观经济的调整，产业结构的升级等等外在因素，都会成为地区经济进一步发展的关键因素。本书虽然采用了历史的角度去看问题，但数据的处理还是采用了一个时间点上的横截面数据。虽然这些处理约束了一些条件对研究起到简化的作用，也使本书的结论停留在一定条件下一定时期内。

（三）完善方向

1. 地方政府与企业竞争优势的互动机制。本研究只是从地方政府影响企业行为角度提出了互动假设，并对互动假设进行了检验。政府与企业的互动会因企业实力的强大而反作用于政府。同时，随着中国经济改革的深入，中国政治体系改革的深化，政府行为方式本身也处在变革中。政府与企业的框架中，越来越离不开企业反馈的主动性与有效性，因此，企业对地方政府行为的反馈及互动必然成为理论研究要考虑的问题，也是理论对实践的进一步解释与预测。

2. 因果关系有待深化。研究构建了地方政府行为对苏南民营企业竞争优势要素的作用模型，但这一理论模型仅显示了各要素作用路径（因果关系）的存在性和显著性。对于每一条要素作用路径的具体产生原因和作用机理，本研究虽然从理论层面进行了分析，但就学科的角度主要还是偏重管理学，缺乏对其他学科的综合，尤其是经济学科从关系与结构中给出的解释。因此在后续研究中，要素作用模型中的每一条显著影响路径均值得做进一步深入的理论和实证研究。

参 考 文 献

［1］埃莉诺·奥斯特罗姆：《社会资本流行的狂热抑或基本的概念》，载《经济社会体制比较》2003 年第 2 期。

［2］安德烈·施莱福等著，赵红军译：《掠夺之手：政府病及其治疗》，中信出版社 2004 年版。

［3］彼得·圣吉：《第五项修炼：学习型组织的艺术与实务》，上海三联出版社 1996 年版。

［4］白重恩等：《地方保护主义及产业地区集中度的决定因素和变动趋势》，载《经济研究》2004 年第 4 期。

［5］部爱其等：《企业持续成长决定因素理论综述》，载《外国经济与管理》2003 年第 5 期。

［6］宝贡敏：《经济转型期企业主导战略模式选择》，载《经济理论与经济管理》2003 年第 10 期。

［7］彼得·德鲁克著，童新耕译：《成果管理》，上海译文出版社 1999 年版。

［8］彼得·德鲁克：《知识管理》，中国人民大学出版社 1999 年版。

［9］保尔·芒图：《十八世纪产业革命——英国大工业初期的状况》，商务印书馆 1983 年版。

［10］保罗·贝罗奇：《城市与经济发展》，江西人民出版社 1991 年版。

［11］陈富良、万卫红：《企业行为与政府规制》，北京经济管理出版社 2001 年版。

［12］陈劲、Chawla. S. K：《小企业关键成功要素的跨国比较》，载《中国管理科学》2001 年第 5 期。

［13］陈佳贵：《关于企业生命周期与企业蜕变的探讨》，载《中国工业经

济》1995 年第 11 期。

［14］陈传明：《企业战略调整的路径依赖特征及其超越》，载《管理世界》2002 年第 6 期。

［15］陈劲、童亮：《R&D 国际化的挑战及其管理任务》，载《管理评论》2002 年第 11 期。

［16］陈衍泰等：《中国企业利用外部知识与集成创新模式的实证研究》，载《经济管理》2006 年第 4 期。

［17］陈佳贵、吴俊：《中国地区中小企业竞争力评价》，载《中国工业经济》2004 年第 8 期。

［18］陈传明：《核心能力刚性、影响及其超越》，载《现代管理科学》2002 年第 12 期。

［19］陈美等：《苏州投资软环境比较研究》，载《生产力研究》2006 年第 8 期。

［20］陈凌、曹正汉：《制度与能力：中国民营企业 20 年成长解释》，上海人民出版社 2007 年版。

［21］陈国权、马萌：《组织学习的过程模型研究》，载《管理科学学报》2003 年第 3 期。

［22］陈雯等：《苏锡常地区的产业选择与空间组织》，载《经济地理》2001 年第 11 期。

［23］陈德萍：《我国民营经济成长条件研究》，江西财经大学博士学位论文，2004 年。

［24］储小平、李怀祖：《信任与家族企业的成长》，载《管理世界》2003 年第 6 期。

［25］从佩华：《浅谈企业的成长性及其财务评价方法》，载《财会研究》1997 年第 9 期。

［26］曹建海、黄群慧：《制度转型、管理提升与民营企业成长——以浙江华峰集团为例》，载《中国工业经济》2004 年第 1 期。

［27］程兆谦、徐金发：《资源观理论框架的整理》，载《外国经济与管理》2002 年第 7 期。

［28］崔九翠等：《中小企业发展的政策环境分析——基于苏南中小企业现状调查研究》，载《上海企业》2009 年第 4 期。

［29］蔡永鸿、宋彦：《国外关于企业成长理论的重点综述》，载《辽宁工学院学报》2007 年第 4 期。

［30］迟福林：《中国的市场化改革进程与非政府组织发展》，载《杭州师范学院学报（社会科学版）》2003 年第 5 期。

［31］刁兆峰、黎志成：《企业持续成长力评价指标体系设计》，载《统计与决策》2003 年第 9 期。

［32］杜慕群：《企业核心竞争力：理论、实证与案例》，北京经济科学出版社 2005 年版。

［33］邓宏图：《转轨时期中国制度变迁的演进论解释——以民营经济的演化过程为例》，载《中国社会科学》2004 年。

［34］丁泽平、袁泽沛：《民营企业成功因素浅析》，载《改革与探索》2006 年第 3 期。

［35］董晓宇：《"苏南模式"的理论和实践 30 年回顾》，载《现代经济探讨》2008 年第 8 期。

［36］道格拉斯·诺思：《经济史中的结构与变迁》，上海人民出版社1991 年版。

［37］道格拉斯·诺思：《制度、制度变迁与经济绩效》，上海人民出版社1994 年版。

［38］［丹麦］鲍·埃里克森、杰斯珀·米克尔森：《企业竞争优势与核心能力理论》，载《企业万能》，东北财经大学出版社 1998 年版。

［39］［丹麦］克里斯蒂·福斯、汉娜·哈姆森：《成功的关键因素研究——资源基础论及其新阐释》，载《企业万能》，东北财经大学出版社 1998 年版。

［40］樊纲：《市场中的政府》，载《中国改革》2000 年第 8 期。

［41］樊纲：《现代三大经济理论体系的比较与综合》，上海三联书店1995 年版。

［42］凤进、韦小柯：《西方企业生命周期模型比较》，载《商业研究》2003 年第 7 期。

［43］范明、汤学俊：《企业可持续成长的自组织研究》，载《管理世界》2004 年第 10 期。

［44］范钧：《区域软环境与中小企业竞争优势研究：以浙江制造业为例》，浙江大学，2007 年。

［45］范俊杰：《苏南地区制造业发展比较研究》，载《中国统计》2004年第12期。

［46］傅红岩：《吉布莱特定律与西方企业成长理论评述》，载《经济学动态》1998年第9期。

［47］傅家骥等：《技术创新》，企业管理出版社1992年版，第21页。

［48］冯兴元：《市场化——地方模式的演进道路》，载《中国农村观察》2001年第1期。

［49］方宝：《Likert等级量表调查结果有效性的影响因素探析》，载《十堰职业技术学院学报》2009年第4期。

［50］甘阳、崔之元：《中国改革的政治经济学》，牛津大学出版社（香港）1997年版。

［51］顾一希、吴满林：《工业企业可持续发展及其评价方法的研究》，载《上海理工大学学报》2001年第2期。

［52］高怀、徐二明：《企业演化理论及其启示》，载《东北大学学报》2004年第7期。

［53］高勇强、田志龙：《中国企业影响政府政策制定的途径分析》，载《管理科学》2005年第4期。

［54］耿帅：《基于共享性资源观的集群企业竞争优势研究》，浙江大学博士学位论文，2005年。

［55］Gary Hamel，C. K. Prahalad：《战略柔性——变革中的管理》，机械工业出版社2000年版。

［56］郭斌：《企业异质性、技术因素与竞争优势：对企业竞争优势理论的一个评述》，载《自然辩证法通讯》2002年第2期。

［57］郭庆科、周晶：《Likert量表分析中不同IRT模型的有效性》，载《心理学探新》2004年第3期。

［58］郭蕊：《企业可持续成长能力的关键纬度及分析模型》，载《科学学与科学技术管理》2005年第11期。

［59］郭树清：《中国市场经济中政府的作用》，载《改革》1999年第3期。

［60］何恒远、周立群：《国家战略、地方政府竞争与内生性区域差异化——中国经济转型区域路径分岔的一个分析框架》，载《改革》2005年第

3 期。

[61] 何晓星：《论中国地方政府主导型市场经济》，载《社会科学研究》2003 年第 5 期。

[62] 何晓星：《再论中国地方政府主导型市场经济》，载《中国工业经济》2005 年第 1 期。

[63] 何炜：《西方政府职能理论的源流分析》，载《南京社会科学》1999 年第 7 期。

[64] 洪银兴、曹勇：《经济体制转轨时期的地方政府功能》，载《经济研究》1996 年第 5 期。

[65] 洪银兴：《地方政府行为和中国市场经济的发展》，载《经济学家》1997 年第 1 期。

[66] 胡永宏：《综合评价方法》，科学出版社 2000 年版。

[67] 胡鞍钢：《如何认识中国的技术追赶效应》，载《科学中国人》2005 年第 1 期。

[68] 胡大立：《企业竞争力决定因素及其形成机理分析》，经济管理出版社 2004 年版。

[69] 贺小刚、李新春：《企业家能力与企业成长：基于中国经验的实证研究》，载《经济研究》2005 年第 10 期。

[70] 贺小刚：《企业家能力、组织能力与企业绩效》，上海财经大学出版社 2006 年版。

[71] 侯杰泰等：《结构方程模型及其应用》，教育科学出版社 2004 年版。

[72] 黄宗智：《长江三角洲小农家庭与乡村发展》，中华书局 2000 年版。

[73] ［韩］W. 钱·金、［美］勒妮·莫博涅，吉亦译：《蓝海战略：超越产业竞争，开创全新市场》，商务印书馆 2005 年版。

[74] Joe. Tidd ect. 陈劲等译：《创新管理——技术、市场与组织变革的集成》，清华大学出版社 2002 年版，第 23 ~ 25 页。

[75] 金祥荣：《多种制度变迁方式并存和渐进转换的改革道路》，载《浙江大学学报（哲学社会科学版）》2000 年第 4 期。

[76] 金焙：《中国企业核心竞争力研究：企业竞争力问题研究》，中国企业管理研究年会，2003 年。

[77] 靳涛：《集体主义文化维系下的柔性组织与模糊契约——浙江民营

企业发展的自组织模式揭示》，载《中国工业经济》2003 年第 11 期。

［78］匡家在：《1978 年以来的农村金融体制改革：政策演变与路径分析》，载《中国经济史研究》2007 年第 7 期。

［79］李军杰、周卫峰：《中国地方政府主导辖区经济增长的均衡模型》，载《当代经济科学》2005 年第 3 期。

［80］李军杰：《经济转型中的地方政府经济行为变异分析》，载《中国工业经济》2005 年第 1 期。

［81］李宝元：《转型发展中政府的角色定位及转换》，载《财经问题研究》2001 年第 1 期。

［82］李延喜等：《企业成长性综合评价方法的实证研究》，载《大连理工大学学报》2006 年第 3 期。

［83］李占祥：《矛盾管理学》，经济管理出版社 2000 年版。

［84］李维安：《现代企业活力理论与评价》，中国财政经济出版社 2002 年版。

［85］李东红：《企业核心能力理论评述》，载《经济学动态》1999 年第 1 期。

［86］林毅夫：《政府在经济发展中的作用》，载《开放潮》2001 年第 3 期。

［87］林毅夫：《关于制度变迁的经济学理论诱致性制度变迁与强制性制度变迁》，载《财产权利与制度变迁——产权学派与新制度经济学派译文集》，上海人民出版社 1994 年版，第 371 ~ 400 页。

［88］林汉川、管鸿禧：《我国东中西部中小企业竞争力实证比较研究》，载《经济研究》2004 年第 12 期。

［89］刘文超、董金玮：《近 20 年来苏锡常地区建设用地扩展及耕地占用态势的遥感分析》，载《地球信息科学学报》2009 年第 8 期。

［90］刘德强、陈俊芳：《企业多元化的新模式：基于核心能力的虚拟经营》，载《中国工业经济》2002 年第 10 期。

［91］卢琇妍：《经济转型期中国企业成长战略偏好分析》，载《商业时代》2009 年第 1 期。

［92］梁幸平、孙君：《江苏产业转移研究现状与政策评述》，载《商业时代》2011 年第 8 期。

[93] 吕一博:《中小企业成长的影响因素研究》，大连理工大学博士学位论文，2008 年。

[94] 拉兹罗·布鲁斯特:《俄罗斯的教训市场经济需要有效政府》，载《经济管理文摘》2001 年第 5 期。

[95] 毛蕴诗:《中国优秀企业成长与能力演进：基于案例的研究》，中国财政经济出版社 2005 年版，第 56~58 页。

[96] 毛增余:《斯蒂格利茨与转轨经济学——从"华盛顿共识"到"后华盛顿共识"再到"北京共识"》，中国经济出版社 2005 年版。

[97] 苗青、王重鸣:《企业家能力：理论、结构与实践》，载《重庆大学学报（社会科学版)》2002 年第 1 期。

[98] 迈克尔·波特:《竞争优势》，华夏出版社 1998 年版。

[99] 迈克尔·哈默·詹姆斯，钱皮:《企业再造》，上海译文出版社 1998 年版。

[100] ［美］阿兰·斯密德:《制度与行为经济学》，中国人民大学出版社 2004 年版。

[101] ［美］阿玛尔·毕海德:《新企业的起源与演进》，中国人民大学出版社 2004 年版。

[102] ［美］鲍莫尔:《资本主义的增长奇迹》，中信出版社 2004 年版。

[103] ［美］彼得·德鲁克:《创新与企业家精神》，机械工业出版社 2006 年版。

[104] ［美］彼得·德鲁克:《管理的实践》，机械工业出版社 2006 年版。

[105] ［美］彼得·德鲁克:《成果管理》，机械工业出版社 2006 年版。

[106] ［美］彼得·德鲁克著，刘毓玲译:《21 世纪的管理挑战》，生活·读书·新知三联书店 2003 年版。

[107] ［美］彼得·德鲁克著，张星岩译:《后资本主义社会》，上海译文出版社 1998 年版。

[108] ［美］理查德·纳尔逊、悉尼·温特:《经济变迁的演化理论》，商务印书馆 1997 年版。

[109] ［美］迈克尔·波特:《竞争优势》，华夏出版社 2005 年版。

[110] ［美］迈克尔·波特:《竞争战略》，华夏出版社 2005 年版。

[111] ［美］诺思:《经济史中的结构变迁》，上海三联书店 1991 年版。

［112］［美］钱德勒：《看得见的手——美国企业管理革命》，商务印书馆1987年版。

［113］［美］钱德勒：《企业规模经济与范围经济》，中国社会科学出版社1999年版。

［114］［美］乔恩·休斯等著：《供应链再造》，东北财经大学出版社1999年版。

［115］［美］伊查克·爱迪思：《企业生命周期》，华夏出版社2004年版。

［116］［美］伊丽莎白·切尔：《企业家精神：全球化、创新与发展》，中信出版社2004年版。

［117］［美］米歇尔等：《战略型企业家》，经济管理出版社2002年版。

［118］［美］吉姆·柯林斯、杰里·I·波勒斯著，真如译：《基业长青（新版）》，中信出版社2002年版。

［119］［美］科斯等：《财产权利与制度变迁》，上海三联书店1994年版。

［120］［美］塞思·戈丁：《公司进化》，中信出版社2003年版，第40～56页。

［121］纳尔逊·温特：《经济变迁的演化理论》，商务印书馆1997年版，第65～77页。

［122］潘士远、史晋川：《内生经济增长理论一个文献综述》，载《经济学季刊》2002年第4期。

［123］潘海伟：《苏南民营企业成长的路径依赖研究》，南京财经大学硕士学位论文，2006年。

［124］卜金涛：《企业竞争优势群的构成与生成路径》，载《南京财经大学学报》2004年第6期。

［125］青木昌彦等：《政府在东亚经济发展中的作用——比较制度分析》，中国经济出版社1998年版。

［126］青木昌彦等著，周黎安译：《模块化时代》，远东出版社2003年版。

［127］钱德勒：《企业规模经济和范围经济：工业资本主义的原动力》，中国社会科学出版社1999年版。

［128］曲亮：《转型期企业响应地方政府行为的策略研究》，浙江工商大学博士学位论文，2008年。

［129］热若尔·罗兰：《转型与经济学》，北京大学出版社2002年版。

[130] 日本富士综合研究所：《飞跃的东亚和日本》，中央经济社 1994年版。

[131] 宋建彪：《中小企业支持系统研究》，厦门大学博士学位论文，2004 年。

[132] 孙班军：《集团公司竞争力——评价理论、方法及案例》，中国财政经济出版社 2004 年版。

[133] 孙洛平：《竞争力与企业规模无关的形成机制》，载《经济研究》2004 年第 3 期。

[134] 孙早、鲁政委：《从政府到企业：关于中国民营企业研究文献的综述》，载《经济研究》2003 年第 4 期。

[135] 苏东蔚、吴仰儒：《我国上市公司可持续发展的计量模型与实证分析》，载《经济研究》2005 年第 1 期。

[136] 苏为华：《多指标综合评价理论与方法研究》，中国物价出版社 2001 年版。

[137] 尚增健：《渐进式技术创新：科技型中小企业的成长路径——成长型中小企业成长机理的个案分析》，载《管理世界》2002 年第 6 期。

[138] 史美、赵希男：《基于资源的企业竞争优势》，载《商业研究》2005 年第 4 期。

[139] 史晋川等：《制度变迁与经济发展：温州模式研究》，浙江大学出版社 2002 年版。

[140] 汤学俊、刘思峰：《企业成长上限与企业可持续成长》，载《集团经济研究》2004 年第 11 期。

[141] 汤姆·R·伯恩斯等：《结构主义的视野——经济与社会的变迁》，社会科学文献出版社 2000 年版。

[142] 唐宜红：《外资进入行为研究——兼析外资政策及其引资效应》，人民出版社 2003 年版，第 252～253 页。

[143] 文贯中：《市场机制、政府定位和法治——对市场失灵和政府失灵的匡正之法的回顾与展望》，载《经济社会体制比较》2002 年第 1 期。

[144] 吴应宇、于国庆：《企业可持续竞争能力的系统评价研究》，载《东南大学学报》2003 年第 1 期。

[145] 吴正刚等：《企业能力指数测评模型研究》，载《运筹与管理》

2004 年第 2 期。

[146] 魏江：《企业技术能力研究的发展与评述》，载《科学管理研究》2000 年第 5 期。

[147] 王烈：《企业家能力结构的社会学分析》，载《华东经济管理》2001 年第 3 期。

[148] 王珺：《社会资本结构与民营企业成长》，载《中国工业经济》2003 年第 9 期。

[149] 王风荣：《金融制度变迁中的企业成长》，经济科学出版社 2002 年版。

[150] 王堵：《增长取向的适应性调整：对地方政府行为演变的一种理论解释》，载《管理世界》2004 年第 8 期。

[151] 王核成：《基于动态能力观的企业竞争力及其演化研究》，浙江大学博士学位论文，2005 年。

[152] 王缉慈：《创新及其相关概念的跟踪观察》，载《中国软科学》2002 年第 12 期。

[153] 王庆喜：《企业资源与竞争优势：基于浙江民营制造业企业的理论与实证研究》，浙江大学博士学位论文，2004 年。

[154] 王建军：《动态复杂环境下机遇视角的企业成长研究》，首都经贸大学博士论文，2008 年。

[155] 王永贵等：《对组织学习、核心竞争能力、战略柔性与企业竞争绩效的理论剖析与实证研究——探索中国企业增强动态竞争优势之路》，载《南开管理评论》2003 年第 4 期。

[156] 王汉荣：《技术创新扩散模型及其参数估计》，载《苏州大学学报（自然科学版）》2000 年第 1 期。

[157] 王珺、姚海林、赵祥：《社会资本结构与民营企业成长》，载《中国工业经济》2003 年第 9 期。

[158] 王正军：《租金的替代：企业成长机制的一种解释》，载《生产力研究》2010 年第 6 期。

[159] 邬爱其、贾生华：《企业成长机制理论研究综述》，载《科研管理》2007 年第 3 期。

[160] 辛向阳：《西方学者关于政府职能的主要理论》，载《国外社会科

学》1995 年第 1 期。

[161] 夏大慰等：《政府规制理论、经验与中国的改革》，经济科学出版社 2003 年版。

[162] 夏炜、蔡建峰：《企业竞争优势演化的关键影响因素研究》，载《科学学与科学技术管理》2009 年第 8 期。

[163] 肖海林：《企业可持续竞争优势四面体结构模型及成长管理》，载《中国工业经济》2003 年第 7 期。

[164] 肖海林：《企业可持续发展理论基础、生成机制与管理框架》，中国财经出版社 2003 年版。

[165] 许晓明、吕忠来：《民营企业生命周期》，载《经济理论与经济管理》2002 年第 5 期。

[166] 薛求知、关涛：《跨国公司 R&D 国际化演变的生命周期——对总部与海外 R&D 机构关系协调的动态分析》，载《世界经济研究》2003 年第 9 期。

[167] 徐辉：《民企竞争优势与人力资源管理》，载《企业改革与管理》2004 年第 2 期。

[168] 徐现祥等：《地方官员与经济增长——来自中国省长、省委书记交流的证据》，载《经济研究》2007 年第 9 期。

[169] 小艾尔弗雷德·D·钱德勒：《战略与结构：美国工商企业成长的若干篇章》，云南人民出版社 2002 年版。

[170] 杨天宇：《政府行政审批制的经济学分析》，载《经济学家》2003 年第 1 期。

[171] 杨海水：《地方政府经济理论的发展述评》，载《经济学动态》2004 年第 10 期。

[172] 杨瑞龙、杨其静：《阶梯式的渐进制度变迁模型——再论地方政府在我国制度变迁中的作用》，载《经济研究》2000 年第 3 期。

[173] 杨瑞龙：《中间扩散的制度变迁方式与地方政府的创新行为——江苏昆山自费经济技术开发区案例分析》，载《中国制度变迁的案例研究第二集》，中国财政经济出版社 2002 年版。

[174] 杨斐：《民营企业的性质、范围及其发展》，载《天津经济》2005 年第 6 期。

[175] 尹子民：《工业企业竞争力与可持续发展评价方法的研究》，辽宁工程技术大学博士学位论文，2002 年。

[176] 于秀霖：《企业成长质量评价和预警研究》，哈尔滨工业大学博士学位论文，2004 年。

[177] 伊迪丝·彭罗思著，赵晓译：《企业成长理论》，上海三联书店、上海人民出版社 2007 年版。

[178] 约瑟夫·斯蒂格利茨：《政府为什么干预经济》，中国物资出版社 1998 年版。

[179] ［英］伊迪丝·彭罗斯：《企业成长理论》，上海三联书店 2007 年版。

[180] 张维迎：《企业理论与中国企业改革》，北京大学出版社 2000 年版，第 30 页。

[181] 张维迎：《企业的企业家——契约理论》，上海三联书店、上海人民出版社 1994 年版，第 88 ~ 146 页。

[182] 张玉利：《企业家型企业的创业与快速成长》，南开大学出版社 2003 年版。

[183] 张五常：《经济解释——张五常经济论文选》，商务印书馆 2000 年版。

[184] 张洁裙、陈国权：《西方政府职能转变历程、模式选择及其制约因素》，载《中共浙江省委党校学报》2000 年第 4 期。

[185] 张刚：《基于技术转移的企业能力演化过程研究》，载《科学学研究》2001 年第 9 期。

[186] 张军：《企业家精神、金融制度与制度创新》，上海人民出版社 2001 年版。

[187] 张杰、谢晓雪：《政府的市场增进功能与金融发展的"中国模式"》，载《金融研究》2008 年第 11 期。

[188] 张冰、金戈：《关于长三角地区制造业发展的研究综述》，载《江苏社会科学》2009 年第 1 期。

[189] 张书军：《企业经营原因不明中的企业家能力》，载《南开管理评论》2002 年第 6 期。

[190] 周春平：《苏南模式与温州模式的产权比较》，载《中国农村经

济》2002 年第 8 期。

[191] 周黎安：《晋升博弈中政府官员的激励与合作——兼论我国地方保护主义和重复建设问题长期存在的原因》，载《经济研究》2004 年第 6 期。

[192] 周立群、白雪洁：《地方政府行为研究述评》，载《学习与探索》1996 年第 3 期。

[193] 周清杰：《企业中的路径依赖与突破》，载《财经科学》2005 年第 6 期。

[194] 周晖：《企业生命模型研究》，载《经济科学》2002 年第 6 期。

[195] 周晖：《企业生命模型研究》，中国财政经济出版社 2004 年版，第 35 ~ 73 页。

[196] 周辉、刘思峰：《企业持续竞争优势的内生性与动态性源泉》，载《预测》2006 年第 3 期。

[197] 周霖：《地方政府创新与民营经济发展机制研究——以"台州现象"为例（1978 ~ 2007）》，福建师范大学博士学位论文，2008 年。

[198] 周建：《基于资源基础论的企业竞争力边界透视》，载《当代财经》2004 年第 1 期。

[199] 周建等：《外部制度环境、内部治理结构与企业竞争优势——基于中国上市公司的经验证据》，载《管理学报》2010 年第 7 期。

[200] 赵曙明：《人力资源与核心竞争力关系论》，载《现代经济探讨》2002 年第 12 期。

[201] 赵世勇：《政府机会主义与民营企业成长——中国转型期民营企业成长的政治经济学分析》，载《河北经贸大学学报》2007 年第 3 期。

[202] 赵彦云：《国际竞争力统计模型及应用研究》，中国标准出版社 2005 年版。

[203] 赵伟：《机械工业企业可持续发展的评价方法》，载《吉林工业大学自然科学学报》2001 年第 10 期。

[204] 赵定涛、雷鸣：《动态环境下企业持续成长的模型与构建》，载《管理科学》2006 年。

[205] 郑建伟：《基于城市群的企业竞争优势的分析与对策》，载《武汉理工大学学报（信息与管理工程版）》2009 年第 2 期。

[206]《中小企业发展问题研究》联合课题组：《中国 500 家成长型中小

企业评价方法 (2003 修订案)》, http: //www. ceea. gov. cn/intr% 20pjff. Asp. 2003 年 9 月。

[207] Acemoglu Daron. Why not a political Coase theorem: Social conflict. commitment, and politics. Journal of Comoarauve Economics, 2003. 31.

[208] Albert Breton. Competitive Governments. An Economic Theory of Politic Finance. Cambridge University Press, 1996.

[209] Ardichvili, A. and Cardozo, R. N. Opportunity Recognition Process. A Model of the Entrepreneurial Journal of Enterprising Culture, 8 (2).

[210] Alavi. M and L. Eidner. D. Knowledge Management and Knowledge Management Systems: Conceptual Foundations and Research Issues. Mis Quarterly, 2001, 25 (1): 107 - 136.

[211] Argyres, Nicholas and Brian Silverman. R&D, Development of Corporate Technological Knowledge Special Issue. Organization Structure, and the Strategic Management Review.

[212] Bjorn Lovas and Sumantra Ghoshal. Strategy as guided evolution. Strategic Management Journal, 2000 (9): 456 - 471.

[213] Barney J. B. Resource-based theory of competitive advantage: a ten years retrospective on the resource-based view. Journal of Management, 2001 (27): 643 - 650.

[214] Boutellier. R, O. Gassmann and M. Von Zedtwitz . Managing Global Innovation: Uncovering the Secrets of Future Competitiveness. Springer.

[215] Bouty. Interpersonal and interaction influences on informal resource exchanges between R&D researchers across organizational boundaries [J]. Acad. Manage. J. 2000, vol. 43, (1): 50 - 65.

[216] Baumol. W. J. Business Behavior. Value and Growth. Harcourt. Jovanovich, 1967: 45 - 61.

[217] Carney, Michael and Gedajlovi. Eric. The co-evolution of institutional environments and organizational strategies: the rise of family business groups in the ASEAN region. Organization Studies, 2002, (1): 1 - 29.

[218] Constance. E. Helfat and Margaret. A. Peteraf. The dynamic resource-based view: capability lifecycles. Strategic Management Journal, 2003 (4): 997 -

1010.

[219] D. Heil, T. Maxwell and L. Whittaker. Towards the very nature of corporate strategy. South Africa Journal of Business Management, 2003 (1): 1 - 11.

[220] Chesbrough. Designing corporate ventures in the shadow of private venture capital. California Management Review, 42, 31 - 49.

[221] Chesbrough Henry, Wim Vanhaverbeke and Joel West. Open Innovation: Researching a New Paradigm, Oxford University Press, 2006.

[222] Choi B and Lee H. Knowledge Management Strategy and Its Link To Knowledge Creation Process. Expert Systems With Applications, 2002, 23: 173 - 187.

[223] Dayasindhu N. Embeddedness. Knowledge transfer, industry clusters and global competitiveness: a case study of the Indian software industry. Technotavion 22 (9): 551 - 560 SEP 2002.

[224] De Pa. Evidence of intellectual capital measurement from Asia, Europe, and the Middle East. Journal of Intellectual Capital, 2002 (3): 287 - 303.

[225] Djankov, Simeon, Edward Glaeser, Rafael La Porta, Florencio Lopez-de-Silanes, and Andrei Shleifer. The Comparative Economics. Journal of Comparative Economics, 2003, pp. 2 - 44.

[226] Davidsson. P, Wiklund J. Conceptual and empirical challenges in the study of firm growth. The Blackwell Handbook of Entrepreneurship, 2000, pp. 26 - 44.

[227] Ernst. Dieter. Global Production Networks and the Changing Geography of Innovation Systems: Implications for Developing Countries. Economics of Innovation and New Technology, vol. 11, no. 6, pp. 497 - 523.

[228] Edward J. Zajac, Matthew S. Kraatz and Rudi K. F. Bresser. Modeling the dynamics of strategic fit: a normative approach to strategic change. Strategic Management Journal, 2000 (4): 429 - 453.

[229] Feldman and Martha S. Organizational routines as a source of continuous change. Organization Science, 2000 (6): 611 - 619.

[230] Foster. J and J. S. Metcalf. Modern Evolutionary Economic Perspectives: An Overview. Frontiers of Evolutionary Economics: Competition, Self-organization,

and innovation policy. J. Foster and J. S. Metcalfe. Cheltenham UK, Edward Elgar: 1 – 18.

[231] Germany, Rhonda and Muralidharan. The Three Phases of Value Capture. Finding Competitive Advantage in the Information Age, Revista.

[232] Strategy Business, Issue 22, First Quarter, Pags. 82 – 91.

[233] Ghoshal. S, M. Hahn and P. Moran. Organizing for firm growth: The interaction between resource-accumulating and organizing processes.

[234] Mahnke. Competence, Governance and Entrepreneurship: Advances in Economic. Strategy Research. New York: Oxford University Press. p 154.

[235] Gawer. A and Cusumano . Platform Leadership. MA School Press. Harvard Business.

[236] Kaleka. A. Resources and capabilities driving competitive advantage in export market: Guidelines for industrial exporters. Industrial Marketing Management, 2002 (31): 273 –283.

[237] Kim. K, Park, J and H. Prescot. The global integration of business functions: a study of multinational businesses in integrated global industries. Journal of International Business Studies.

[238] Lau. T, Chan. K. F and Man. T. The entrepreneurial and managerial competencies of small business owner/managers in Hong Kong: conceptual and methodological considerations in Sancehez. R, Heene. A. (Eds), Research in Competence-based Management, JAI Press Inc, Stamford, CT, Advances in Applied Business Strategy 6C, pp. 187 –216.

[239] Langlois. R. N and P. L. Robertson. Firms, Markets, and Economic Change: A Dynamic Theory of Business Institutions. London: Routledge.

[240] M. H. Meyer and James. M. Utterback. The Product Family and the Dynamics of Core Capability. In Edward B. Roberts (2002). Innovation: Driving Product, Process and Market Change [C]. MIT Sloan Management Review. Jossey-Bass, a Wiley Company.

[241] Man. T. W. Y. Entrepreneurial, Competencies and the Performance of Small and Medium Enterprises in the Hong Kong Services Sector. Department of Management of The Hong Kong Polytechnic University, PhD. Thesis. Management, En-

glewood Cliffs, N. 3. : Prentice-Hall.

[242] M. Lane. Bruner. Global constitutionalism and the arguments over free trade. Communication Studies. Spring 2002.

[243] Mike. W. Peng. Institutional transitions and strategic choices. Academy of Management Review, 2003 (2): 275 – 296.

[244] Penrose. E. T. The Theory of the Growth of the Firm [M]. Oxford: Oxford University Press 1995.

[245] Parente. S. L. Technological Adoption, Learning-by-Doing and Economic Growth [J]. Journal of Economic Theory, 1994 (63): 346 – 369.

[246] Robert Wilson. Architecture of power markets. Econometrica. 2002 (7).

[247] Robert . M. Grant. Contemporary strategy analysis: concepts, techniques, applications. Blackwell Publishers Inc. , 2002.

[248] Teece. D. J and Shuen. A. Dynamic Capabilities and Strategic Management. Strategic Management Journal, 1997 (18): 7.

[249] Tschirky Hugo, Koruna Stefan, and Lichtenthaler Eckhard. Technology marketing: a firm' core competence. International Journal of Technology Management, 2004, 27 (3): 115 – 223.

[250] Winter. S. G. Understanding Capabilities. Management Journal, 24: 991 – 995.